京华通览

历史文化名城

主编／段柄仁

东交民巷

王之鸿／著

北京出版集团公司
北京出版社

图书在版编目（CIP）数据

东交民巷 / 王之鸿著. — 北京：北京出版社，2018.3
（京华通览）
ISBN 978-7-200-13434-6

Ⅰ.①东… Ⅱ.①王… Ⅲ.①城市道路—介绍—北京 Ⅳ.①K921

中国版本图书馆 CIP 数据核字（2017）第 266527 号

出 版 人　曲　仲
策　　划　安　东　于　虹
项目统筹　孙　菁　董拯民
责任编辑　孙　菁　高　琪
封面设计　田　晗
版式设计　云伊若水
责任印制　燕雨萌

《京华通览》丛书在出版过程中，使用了部分出版物及网站的图片资料，在此谨向有关资料的提供者致以衷心的感谢。因部分图片的作者难以联系，敬请本丛书所用图片的版权所有者与北京出版集团公司联系。

东交民巷
DONGJIAOMINXIANG
王之鸿　著

北京出版集团公司
北京出版社　　　　出版
*
（北京北三环中路 6 号）
邮政编码：100120

网　　址：www.bph.com.cn
北京出版集团公司总发行
新 华 书 店 经 销
天津画中画印刷有限公司印刷
*
880 毫米 ×1230 毫米　32 开本　6.125 印张　124 千字
2018 年 3 月第 1 版　2022 年 11 月第 3 次印刷
ISBN 978-7-200-13434-6
定价：45.00 元

如有印装质量问题，由本社负责调换
质量监督电话：010-58572393

《京华通览》编纂委员会

主　任　段柄仁
副主任　陈　玲　曲　仲
成　员　（按姓氏笔画排序）
　　　　于　虹　王来水　安　东　运子微
　　　　杨良志　张恒彬　周　浩　侯宏兴
主　编　段柄仁
副主编　谭烈飞

《京华通览》编辑部

主　任　安　东
副主任　于　虹　董拯民
成　员　（按姓氏笔画排序）
　　　　王　岩　白　珍　孙　菁　李更鑫
　　　　潘惠楼

序一
PREFACE

擦亮北京"金名片"

段柄仁

北京是中华民族的一张"金名片"。"金"在何处？可以用四句话描述：历史悠久、山河壮美、文化璀璨、地位独特。

展开一点说，这个区域在70万年前就有远古人类生存聚集，是一处人类发祥之地。据考古发掘，在房山区周口店一带，出土远古居民的头盖骨，被定名为"北京人"。这个区域也是人类都市文明发育较早，影响广泛深远之地。据历史记载，早在3000年前，就形成了燕、蓟两个方国之都，之后又多次作为诸侯国都、割据势力之都；元代作为全国政治中心，修筑了雄伟壮丽、举世瞩目的元大都；明代以此为基础进行了改造重建，形成了今天北京城的大格局；清代仍以此为首都。北京作为大都会，其文明引领全国，影响世界，被国外专家称为"世界奇观""在地球表面上，人类最伟大的个体工程"。

北京人文的久远历史，生生不息的发展，与其山河壮美、宜生宜长的自然环境紧密相连。她坐落在华北大平原北缘，"左环沧海，右拥太行，南襟河济，北枕居庸""龙蟠虎踞，形势雄伟，南控江淮，北连朔漠"。是我国三大地理单元——华北大平原、东北大平原、蒙古高原的交汇之处，是南北通衢的纽带，东西连接的龙头，东北亚环渤海地区的中心。这块得天独厚的地域，不仅极具区位优势，而且环境宜人，气候温和，四季分明。在高山峻岭之下，有广阔的丘陵、缓坡和平川沃土，永定河、潮白河、拒马河、温榆河和蓟运河五大水系纵横交错，如血脉遍布大地，使其顺理成章地成为人类祖居、中华帝都、中华人民共和国首都。

这块风水宝地和久远的人文历史，催生并积聚了令人垂羡的灿烂文化。文物古迹星罗棋布，不少是人类文明的顶尖之作，已有1000余项被确定为文物保护单位。周口店遗址、明清皇宫、八达岭长城、天坛、颐和园、明清帝王陵和大运河被列入世界文化遗产名录，60余项被列为全国重点文物保护单位，220余项被列为市级文物保护单位，40片历史文化街区，加上环绕城市核心区的大运河文化带、长城文化带、西山永定河文化带和诸多的历史建筑、名镇名村、非物质文化遗产，以及数万种留存至今的历史典籍、志鉴档册、文物文化资料，《红楼梦》、"京剧"等文学艺术明珠，早已成为传承历史文明、启迪人们智慧、滋养人们心灵的瑰宝。

中华人民共和国成立后，北京发生了深刻的变化。作为国家首都的独特地位，使这座古老的城市，成为全国现代化建设的领头雁。新的《北京城市总体规划（2016年—2035年）》的制定和中共中央、国务院的批复，确定了北京是全国政治中心、文化中心、国际交往中心、科技创新中心的性质和建设国际一流的和谐宜居之都的目标，大大增加了这块"金名片"的含金量。

伴随国际局势的深刻变化，世界经济重心已逐步向亚太地区转移，而亚太地区发展最快的是东北亚的环渤海地区、这块地区的京津冀地区，而北京正是这个地区的核心，建设以北京为核心的世界级城市群，已被列入实现"两个一百年"奋斗目标、中国梦的国家战略。这就又把北京推向了中国特色社会主义新时代谱写现代化新征程壮丽篇章的引领示范地位，也预示了这块热土必将更加辉煌的前景。

北京这张"金名片"，如何精心保护，细心擦拭，全面展示其风貌，尽力挖掘其能量，使之永续发展，永放光彩并更加明亮？这是摆在北京人面前的一项历史性使命，一项应自觉承担且不可替代的职责，需要做整体性、多方面的努力。但保护、擦拭、展示、挖掘的前提是对它的全面认识，只有认识，才会珍惜，才能热爱，才可能尽心尽力、尽职尽责，创造性完成这项释能放光的事业。而解决认识问题，必须做大量的基础文化建设和知识普及工作。近些年北京市有关部门在这方面做了大量工作，先后出版了《北京史》（10卷本）、《北京百科全书》（20卷本），各类志书近900种，以及多种年鉴、专著和资料汇编，等等，为擦亮北京这张"金名片"做了可贵的基础性贡献。但是这些著述，大多是服务于专业单位、党政领导部门和教学科研人员。如何使其承载的知识进一步普及化、大众化，出版面向更大范围的群众的读物，是当前急需弥补的弱项。为此我们启动了《京华通览》系列丛书的编写，采取简约、通俗、方便阅读的方法，从有关北京历史文化的大量书籍资料中，特别是卷帙浩繁的地方志书中，精选当前广大群众需要的知识，尽可能满足北京人以及关注北京的国内外朋友进一步了解北京的历史与现状、性质与功能、特点与亮点的需求，以达到"知北京、爱北京，合力共建美好北京"的目的。

这套丛书的内容紧紧围绕北京是全国的政治、文化、国际交往和科技创新四个中心，涵盖北京的自然环境、经济、政治、文化、社会等各方面的知识，但重点是北京的深厚灿烂的文化。突出安排了"历史文化名城""西山永定河文化带""大运河文化带""长城文化带"四个系列内容。资料大部分是取自新编北京志并进行压缩、修订、补充、改编。也有从已出版的北京历史文化读物中优选改编和针对一些重要内容弥补缺失而专门组织的创作。作品的作者大多是在北京志书编纂中捉刀实干的骨干人物和在北京史志领域著述颇丰的知名专家。尹钧科、谭烈飞、吴文涛、张宝章、郄志群、马建农、王之鸿等，都有作品奉献。从这个意义上说，这套丛书中，不少作品也可称"大家小书"。

总之，擦亮北京"金名片"，就是使蕴藏于文明古都丰富多彩的优秀历史文化活起来，充满时代精神和首都特色的社会主义创新文化强起来，进一步展现其真善美，释放其精气神，提高其含金量。

2017 年 11 月

目录

CONTENTS

引　言 / 1

繁盛的东江米巷　　秀丽的风光 / 11

繁华的街市 / 23

　既有的商业基础 / 27

　优越的地理位置 / 28

　区域的功能定位 / 30

众多的衙署 / 36

　宗人府 / 39

　吏部 / 39

　户部 / 40

　礼部 / 41

　兵部 / 42

工部 / 43

鸿胪寺 / 44

钦天监 / 44

太医院 / 46

銮驾库 / 47

上林苑监 / 47

翰林院 / 48

会同南馆 / 49

詹事府 / 50

庶常馆 / 51

堂皇的府第 / 52

肃亲王府 / 56

裕亲王府 / 58

淳亲王府 / 59

敬天的堂子 / 61

受辱的东江米巷

联军的暴行 / 66

使馆的建立 / 75

英国公使馆 / 79

法国公使馆 / 79

俄国公使馆 / 80

美国公使馆 / 80

德国公使馆 / 81

比利时公使馆 / 81

西班牙公使馆 / 82

意大利公使馆 / 82

　　奥地利公使馆 / 82

　　日本公使馆 / 82

　　荷兰公使馆 / 83

拳民的反抗 / 84

清廷的无能 / 93

　　王懿荣（1845—1900）/ 93

　　恩海（1876—1900）/ 94

　　鼓楼烈士 / 95

京师的惨痛 / 97

蒙羞的东交民巷

控制清廷的桥头堡 / 107

阴谋决策的参谋部 / 113

军阀政客的庇护所 / 121

中国人民的屈辱地 / 128

雪耻的东交民巷

北平和平解放 / 144

收回外国兵营 / 150

城市建设发展 / 153

重点文物保护 / 165

　　全国重点文物保护单位 / 166

　　北京市文物保护单位 / 172

参考文献 / 176

后　记 / 181

引 言

东交民巷是一条街巷,是一条著名的街巷

东郊民巷在东城区东华门街道辖区内,东起崇文门内大街,西至天安门广场东侧路,全长1552米。街巷西口外原有一座4柱3间3楼冲天式牌楼,明代额书"文德",清代改为"敷文",是正阳门内棋盘街的东首牌楼。棋盘街西首也有一座同样的牌楼,明代额书"武功",清代改为"振武",取"文东武西"之意。因为棋盘街东首牌楼正对着东交民巷西口,在人们心目中便成为东交民巷的标志。

明永乐十七年(1419)十一月,拆除今东、西长安街一线的元大都城南城垣,南移1公里筑北京城南城垣,将今东交民巷地段括入城内,形成街巷,名"东江米巷"。顾名思义,此处初为江米（糯米）交易市场。

清道光二十二年（1842），《南京条约》签订。以此为标志，中国开始沦为半殖民地半封建社会。在东江米巷居留的外国人擅自改"江米巷"为"侨民巷"；国人则将"侨""交"音转，称"东交民巷"。

光绪二十六年（1900），在义和团运动中将东交民巷改为"鸡鸣街"，由《推背图》中"金鸡啼后鬼生愁"衍生而来。光绪三十一年（1905），清政府推行警政，对京师部分街巷名称重加厘定，正式定名为"东交民巷"。

"文化大革命"中曾一度改为"反帝路"，后复称"东交民巷"。

东交民巷是一个街区，是一个沧桑的街区

街区四至：东起崇文门内大街，西至天安门广场东侧路，南起前门东大街、崇文门西大街，北至东长安街，面积75万平方米。正义路、台基厂大街纵贯南北，东交民巷横贯东西，还有兴华路，大华路，新大路和台基厂头条、二条、三条等街巷。

明代，属南熏坊。街区内有户部街、兵部街、台吉（基）厂、白家栅栏、花子营、卖羊肉胡同、洪厂（昌）胡同、水獭胡同等街巷。自北向南的御河（玉河，今正义路）将东江米巷裁为东、西两段，"御河中桥"将其连通。

清代，属正蓝旗。咸丰十年（1860）至光绪十二年

东单路口

（1886），英国、法国、德国、美国、意大利、奥地利、比利时、荷兰、日本等国相继在街区内建使馆。住在街区内的体仁阁大学士徐桐发出"望洋兴叹，与鬼为邻"的感叹。及至《辛丑条约》签订，划东交民巷为使馆界。规定"大清国国家允定各使馆境界以为专与住用之处，并独由使馆管理。中国民人，概不准在界内居住"。岂止"中国民人，概不准在界内居住"，就连清代皇帝祭神的堂子也被迫迁至东长安街以北（今贵宾楼饭店所在地）。东交民巷成了"国中之国"。羞于"与鬼为邻"的大学士徐桐自缢身亡了。

1928年6月，国民政府南迁，改北京为"北平特别市"。各国使馆遂迁至南京，但北平的"使馆界"依然如故，只是将"使馆"改为"领事馆"。

抗日战争胜利后，国民政府行政院于1945年11月24日公布《接收租界及北平使馆界办法》。北平市政府决定，原使馆界不单独设管理机构，由内七区警察分局管理。

1949年9月27日，改北平为北京，东交民巷属第七区。1950年5月，区划调整，东交民巷属第五区。1952年7月，再次区划调整，东交民巷属第一区；9月，改第一区为"东单区"，东交民巷属东单区。1958年5月，东单区与东四区合并为东城区，东交民巷属东城区。

2010年6月28日，国务院批复《北京市人民政府关于调整首都功能核心区行政区划的请示》："同意撤销北京市东城区、崇文区，设立新的北京市东城区，以原东城区、崇文区的行政区域为东城区的行政区域。"东交民巷属东城区。

东交民巷东口　　　　　　东交民巷西口

东交民巷是一部史书，是一部凝重的史书

史书的开端——明永乐十九年（1421）正月，明成祖朱棣驾临奉天殿接受百官朝贺，大宴群臣。

明成祖朱棣挟"靖难之役"胜利取得的皇位和五出阴山、平定漠北的赫赫战功迁都北京，设宗人府、吏部、户部、礼部、兵部、工部、鸿胪寺、钦天监、太医院、翰林院、詹事府、上林苑监于此，体现了"面朝背市"的都城营造理念。御河（玉河）自北向南流淌，两岸遍植杨柳，一派江南景色："玉河清浅晓粼粼，绿漾平沙柳色新。两岸楼台春似画，紫骝风滚落花尘。"文明门（崇文门）设宣税分司，负责京师商税，进京货物只能由文明门（崇文门）入城才能完税。至今，北京尚有一句老话——"咱这货，是从崇文门进的"，以示正大光明、遵纪守法。近水楼台先得月，向阳草木早逢春，东江米巷因地近崇文门而成为京师商业重镇。"貂裘狐腋，江米街头；珊瑚珍珠，廊房巷口"。

东交民巷开篇是辉煌的，这辉煌延续到清代嘉庆年间。

明成祖朱棣画像

顺治元年（1644），清承明祚，入主中原。在此增建皇帝祭神的堂子和佐命殊勋八大"铁帽子王"之一豪格的肃亲王府。中央机构设置基本沿用明制，衙署也均用前朝旧址，唯将此处的明代上林苑监改作用于接待蒙古王公的"骚达子馆"。"骚"者，似应是"骚人"之"骚"也，与"雅"相通；"达子"亦非贬义。康熙六年（1667），在台基厂建裕亲王府。康熙四十八年（1709），在御河（今正义路）西建淳亲王府。雍正十年（1732），在明代会同南馆旧址建东正教"奉献节堂"，俗称"俄罗斯馆"，《乾隆京城全图》标为"天主堂"。乾隆年间，因安定门外建有接待蒙古族、藏族等少数民族来京官员的"外馆"，位于东江米巷的骚达子馆则被称作"里馆"，专门用于接待外国使臣，也被称为"迎宾馆"。乾隆皇帝八十寿辰，朝鲜、安南、琉球等国派使团朝贺，盛极一时。

然而，东交民巷也有令人椎心泣血的一页。从道光二十年（1840）第一次鸦片战争到1949年中华人民共和国成立，109年的时间，中华民族蒙受了太多的苦难和屈辱。

咸丰十年（1860），英法联军火烧圆明园，逼迫清政府签订《北京条约》，列强在东交民巷大建使馆。光绪二十六年（1900），八国联军攻占北京，逼迫清政府签订《辛丑条约》，把东交民巷划为使馆界。"长安门外御河桥，轿马纷驰事早朝。不料皇居冠盖地，炮台高筑欲凌霄。"

1912年，中华民国建立，可对使馆界却没有丝毫触动；1918年，第一次世界大战结束，中国作为战胜国却不能享有应有的权

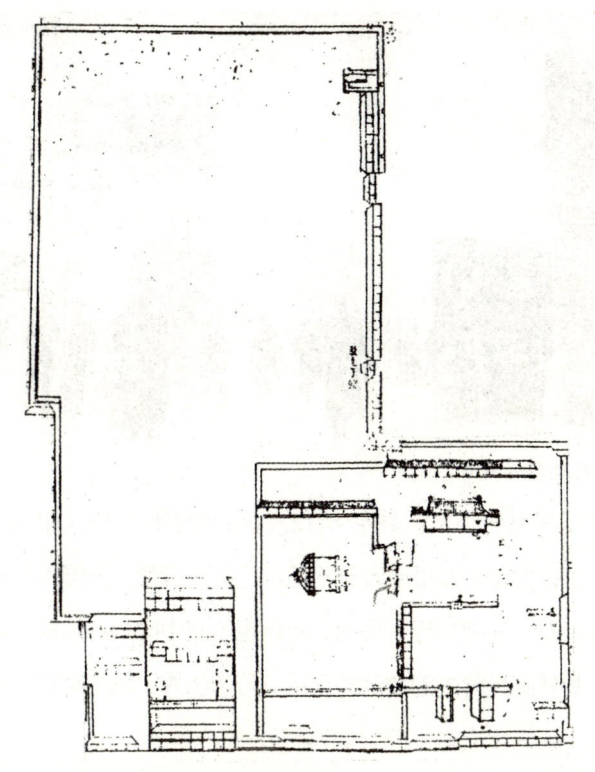

《乾隆京城全图》中的骚达子馆

利；1928年，国民政府南迁，可使馆界仍然为帝国主义列强所控制。《燕都丛考》的作者陈宗蕃叹道："比年以来，国际交涉，虽已移于南京，而使署之在北平，依然如故。废除不平等条约之谓何也，噫亦异矣。"

抗日战争胜利后，北平市政府依据《接收租界及北平使馆界办法》和《租界及使馆界官有资产及官有债务义务清理委员会组织规程》，成立北平使馆界官有资产及官有债务义务清理委员

东交民巷使馆界入口

会，市长任主任委员。1947年12月，清理工作完毕。使馆界在古都消失了，但是，北平市政府不能进行有效管理。外国侨民不按规定申报户口，外国银行、公司、商店也不向中国政府纳税，驻扎在东交民巷外国兵营内的美军甚至犯下行凶伤人、抢劫财物、飙车撞死行人、强奸女大学生等累累罪行。

长夜难明赤县天，百年魔怪舞翩跹。

1949年2月3日上午10时，北平举行盛大的中国人民解放军入城式。由装甲车队、炮兵车队、骑兵分队和步兵方队组成的入城部队进入正阳门之后右拐，浩浩荡荡地挺进东交民巷。北平城里万人空巷，欢呼这伟大的历史时刻。从此，东交民巷掀开新的一页。

已经95岁高龄的俄罗斯汉学家、时任苏联驻北平总领事的齐赫文斯基在接受《光明日报》记者采访时说："北平和平解放之后，解放军一进城，叶剑英就带人到了苏联总领馆，我至今还非常清楚地记得，地址是东交民巷37号，电话是592062。"

1950年1月6日，北京市军事管制委员会发布公告，宣布收回外国兵营及征用其地上建筑物；7月21日，收回外国兵营及征用其地上建筑物工作结束。其间，尚未与中国建交的美国、法国、荷兰的原领事竟以所谓的"领事"身份进行抵制和抗议，但已无济于事。

中国人民已经站起来了，任人宰割的时代一去不复返了。

2001年，国务院公布东交民巷建筑群为全国重点文物保护单位。东交民巷建筑群包括英国使馆旧址、法国使馆旧址、比利时使馆旧址、意大利使馆旧址、奥地利使馆旧址、日本公使馆旧址、日本使馆旧址、正金银行旧址、国际俱乐部旧址、花旗银行旧址、东方汇理银行旧址和法国兵营旧址等12项。

虎踞龙盘今胜昔，天翻地覆慨而慷。

1901年至2001年，整整一百年。东交民巷这部凝重的史书记录了中国人民蒙羞忍辱进入20世纪，经过不懈努力昂首阔步跨入21世纪的百年奋斗历程。

繁盛的东江米巷

玉河清浅晓粼粼,
绿漾平沙柳色新。
两岸楼台春似画,
紫骝风滚落花尘。

秀丽的风光

用"秀丽"形容风光,容易使人联想到"日出江花红胜火,春来江水绿如蓝"的江南水乡,可北京是个缺水的北方城市。写作于明代的《帝京景物略》就有明确记载:"京师贵水泉而尊称之,里也,海之矣;顷也,湖之矣;亩也,河之矣。"

京师贵水,稀缺使然。然而,明代的东江米巷却能够承受"秀丽"二字。御河(玉河)自北向南流淌,将街区分割成东、西两片,北、中、南3座御河石桥将东、西两片街区连缀为一体。河水汤汤、杨柳依依,东江米巷以水取胜。

1900年的御河(玉河)

御河（玉河），是通惠河在北京内城东部的一段。源自积水潭，经万宁桥东流南折，再东流南折沿皇城东墙流向丽正门（正阳门）东水关，长约5公里。

通惠河，开凿于元至元二十九年（1292），由都水监郭守敬主持，工程耗时一年。通惠河引昌平白浮泉水，循西山山麓汇集沿途大小水流入注瓮山泊（今昆明湖），再由瓮山泊流向东南，进和义门（西直门）水关入大都城，经朝宗下闸汇入积水潭。此段为通惠河上游。

通惠河下游接漕运系统。积水潭自澄清闸（亦称澄清上闸）出，过万宁桥东流至今帽儿胡同中段南折，沿今东不压桥胡同穿今地安门东大街南流至今北河胡同东折，沿今北河胡同东流至今北河沿大街、南河沿大街，由丽正门（正阳门）东水关出大都城东折，一路东流至通州高丽庄入白河。

东不压桥

银闸胡同东口

通惠河全长82公里,在40公里通航水道设24座坝闸,放闸截水,提闸行舟,人工控制水流。当年,今东交民巷在大都城南城垣外的通惠河故道,设有文明上闸、文明下闸。大都城内御河(玉河)长约4公里,设有澄清闸、澄清中闸、澄清下闸。澄清闸仍在,在万宁桥下;澄清中闸、澄清下闸确切位置无考,今北河沿大街西侧有银闸胡同。《燕都丛考》引《燕京访古录》:"东华门内御马监南,为元时御水河,今已划为平地,土埋有银铸水闸一座,横梁长四尺八寸,宽五寸,厚三寸,两旁竖柱,四棱式,厚三寸,横梁正中镌'银闸'二大篆字,上首镌'大元元统癸酉秋奉旨铸银水闸一座'十五小字,下首镌'太傅左丞相萨敦监铸'九小字。当元时,用纯银铸此水闸,莫详其故。"[①]因

---

① 陈宗蕃编著:《燕都丛考》,北京:北京古籍出版社,1991年10月版,第462页。

万宁桥

为,东安门又称"外东华门",所以,引文中的"东华门内"实指"东安门内"。如果"银闸"是澄清下闸的话,那么澄清中闸则应该在布粮桥(今东不压桥胡同南口)。

位于万宁桥下的澄清闸也叫"澄清上闸",是御河(玉河)的第一座闸。

《析津志辑佚》记载:"万宁桥,在玄武池东,名澄清闸。至元中建,在海子东,至元后复用石修。虽更名万宁,人惟以海子桥名之。"说明万宁桥与澄清闸上下一体,与开凿通惠河同时建造,完工于至元三十年(1293)。初名"海子桥",重修时更名为"万宁桥"。

今万宁桥东、西两侧的南、北两岸共有6尊石镇水兽(桥东2尊、桥西4尊),其中桥东北岸石泊岸上沿的一尊具有元代石雕风格,并在石镇水兽颌下刻有"至元四年九月"字样,当为元代重修万宁桥的实物。元代,曾有两位皇帝用"至元"作为年号。

一位是元世祖忽必烈,另一位是元顺帝妥懽帖睦尔。此"至元"应为后至元,至元四年即1338年。30年后,元朝就灭亡了。这大概就是"虽更名万宁,人惟以海子桥名之"的原因。

渡桥西望似江乡,隔岸楼台鬟画妆。
十顷玻璃秋影碧,照人骑马入官墙。

这就是元代的万宁桥。

明永乐年间,营建北京,重修万宁桥。

北京有句谚语——"火烧潭柘寺,水淹北京城"。据传,所谓"火烧潭柘寺",是因为潭柘寺煮饭的锅以体量大著称,至今寺内仍有一口直径1.85米的锅,而且,锅都得定做,在锅的底部铸有"潭柘寺"3字。僧人烧火做饭,灶膛的火必然要烧"潭

万宁桥边的元代镇水兽

柘寺"3个字。所谓"水淹北京城",是因为万宁桥桥洞正中的石壁上刻有"北京城"3字,澄清闸紧挨着桥洞西口,提闸放水便要淹没石壁上的"北京城"3个字。靳麟先生在《漫谈后门大街》中写道:"1950年,清挖什刹海,疏通河道的时候,在后门桥底下很深的淤泥中,挖出一根四方的青石桩子来,长有一丈,宽七八寸。在石桩子的一面上,刻有一只三寸多长的老鼠。老鼠下面,刻着'北京'两个字,楷体直书,每个字约有五寸见方。看到这个石桩子,就揭开了几百年的传说之谜。说'北京在后门桥底下',就指的是石桩子上'北京'那两字。"

位于北京城中轴线的万宁桥成为北京的地标,也是明代京杭大运河的起点。曾棨有《海子桥》诗:

鲸海遥通一水长,沧波深处石为梁。
平铺碧鏊连驰道,倒泻银河入苑墙。
晴绿乍添垂柳色,春流时泛落花香。
微茫迥隔蓬莱岛,不放飞尘入建章。

清代,改"北安门"为"地安门"。万宁桥遂更名为"地安门桥",简称"地安桥",俗称"后门桥"。

2000年,修复后的地安门桥复称"万宁桥"。

明建文四年(1402)六月,朱棣率"靖难军"攻入南京,登上皇帝宝座,改年号为"永乐"。永乐元年(1403)正月,改北平为北京;二月,改北平府为顺天府。永乐五年(1407),开始营建北京;永乐十五年(1417),紫禁城与皇城竣工;永乐十八年（1420），内城完工，南城垣向南推移1公里，位于今东交民巷一带的南护城河也随之南移1公里，元代的4公里御河（玉河）延长至5公里。

永乐十九年（1421）正月初一，明王朝正式迁都北京，南京降为陪都。

"南人作客多亲水，北地无春不苦沙"。如同元代建大都城"移沙漠莎草于丹墀"以慰乡情一样，明代的北京城必然有南京城的影子。《明实录》载："初，营建北京，凡庙社、郊祀坛场、宫殿、门阙规制悉如南京，而高敞壮丽过之。"

南京有玄武湖，北京有玄武池；南京的玄武湖又叫"后湖"，北京的玄武池又叫"后海"。清代，避康熙皇帝玄烨的名讳改紫禁城的"玄武门"为"神武门"，玄武池自在避讳之列。

什刹海

恢复后的御河（玉河）风光

于是，后海越叫越响，玄武池则鲜为人知了。

说到南京，人们会联想到秦淮河。既然北京城有南京城的影子，那么，北京城里的御河（玉河）就应该移植了南京城里的秦淮风光。明万历至崇祯年间（1573—1644）的《北京城地图》在御河（玉河）上标有10座桥梁：源头有海子桥（万宁桥），今东不压桥胡同南口有布粮桥；今东板桥街北口有桥一座，应为东板桥；今北河胡同东口有桥一座，应为"二道桥"；今五四大街有桥一座，临"御马监"，似应称"御马监桥"；今骑河楼街东口有桥一座，似应称"涵碧桥"（桥上建有一亭，亭名"涵碧"，有遮风避雨功效，俗称"骑河楼"）；今东华门大街东口有东安桥，亦称"皇恩桥"，俗称"忘恩桥"；东长安街有御河北桥，亦称"长安桥"；东江米巷有御河中桥，正阳门东城根有

骑河楼街东口

御河南桥。

明代，皇帝的陵区选在昌平天寿山，涉及龙脉，通惠河不再引昌平白浮泉水，水量减少，漕船遂以北京城东南的大通桥为终点。因此，通惠河又被称作"大通河"。城内御河（玉河）不再具有漕运功能，赏析功能得到提升。两岸建有楼台亭榭、茶馆酒肆，营造出"烟笼寒水月笼沙，夜泊秦淮近酒家"的意境。

然而，御河（玉河）的繁华惊扰了圣驾。宣德七年（1432）六月，"上以东安门外缘河居人逼近黄墙，喧嚣之声，彻于大内，命行在工部改筑黄墙于河东；皇城之西有隙地甚广，豫徙缘河之人居之。命锦衣卫指挥监察御史、给事中各一名，度其旧居地广狭，如旧数与地作居。凡官吏军民工匠俱给假二十日，使治居"①。同年八月，"移东安门于桥之东"。这就是北京皇城东墙的"城根"在外、"河沿"在里，"护城河"成为"城护河"的原因。

以上引文还传递着一个信息：明代官方文件将皇城墙写作"黄墙"（皇城墙顶部覆黄琉璃瓦），说明在一些地名中"皇"、"黄"混用由来已久，如黄庄、黄亭子、黄城根等。

御河（玉河）大部括入皇城后，今东交民巷街区的南段依然如故。秀丽的风光更受到人们的青睐："玉河清浅晓粼粼，绿漾平沙柳色新。两岸楼台春似画，紫骝风滚落花尘。"正统六年（1441），在御河中桥西街北又建一座用于接待少数民族官员和外国使臣的会同馆。为了与位于十王府南面的会同馆相区别，此处称"会同南馆"，彼处称"会同北馆"。

清代，将位于会同南馆西侧的上林苑监改作用于接待蒙古王公的"骚达子馆"。有清一代，满蒙联姻。蒙古女子居后宫正位者有之，如孝庄皇后；公主嫁给蒙古王公者有之，如乾隆皇帝的三女儿和敬固伦公主的额驸是科尔沁部辅国公色布腾巴勒珠尔。雍正十年（1732），晋封蒙古喀尔喀大扎萨克和硕亲王策凌为固伦额驸（策凌，尚康熙皇帝第十女和硕纯悫公主），赐号"超勇"，并赏"黄带"。清制规定：努尔哈赤的父亲塔克世称"大宗"，其直系子孙称"宗室"，束黄带，俗称"黄带子"；塔克世的父亲觉昌安共兄弟六人，称"六祖"，对塔克世的伯、叔、

---

① 赵其昌主编：《明实录北京史料（一）》，北京：北京古籍出版社，1995年12月版，第526页。

兄、弟的后裔称"觉罗",束红带,俗称"红带子"。策凌被赏"黄带",等同宗室。因此,"骚达子"的称谓在当时绝无贬义。所谓"骚"者,似应为"文人骚客"之"骚"也,有"雅"的含义。北京旧时童谣有"达子饽饽就奶茶,烫你狗儿的小包牙"。"达子饽饽"是"蒙古糕点","狗儿的"是北京土话,有两层含义:一是骂人用语,如京剧《杨香武三盗九龙杯》中有一句京白"打'狗儿的'";二是昵称,类似"坏小子""小坏蛋"。此处有"坏小子"的含义,"狗"发二声。可见,当时称蒙古族人为"达子"是很普遍的,绝无贬义。

在今王府井大街东侧帅府园胡同以北,原有一条东西向的死胡同,叫"骚达子大院";1951年5月并入王府井大街,理由是有碍民族团结。

语言具有时代特征,也有与时俱进的属性。是耶,非耶,应该放在具体的历史时段考察。

乾隆年间,因安定门外建有接待蒙古、西藏等少数民族来京官员的"外馆"(在今外馆斜街),位于东江米巷的骚达子馆被称作"里馆",专门用于接待外国使臣,也被称作"迎宾馆"。

乾隆五十五年(1790),"圣寿八旬,朝鲜、琉球、安南、巴勒布皆谐阙祝厘……午刻宣示御制诗章,俾使臣能诗者恭和。于是朝鲜、安南、琉球三国使臣,皆拜效颂祝"[1],摘录三首。

---

[1] [清] 吴振棫著:《养吉斋丛录》,北京:北京古籍出版社,1983年12月版,第166页。

朝鲜国正使,行判中枢府事李性源诗:

尧阶春叶报中旬,湛露恩深法宴频。
薄海欢欣同玉帛,寰区庆祝竞神人。
陪筵每感黄封遍,赐酝那安御手亲。
五纪馨香跻八耋,南山北斗总归仁。

安南国谢恩正使,刑部右侍郎阮宏匡诗:

筵开前节值新旬,春暖名园诏问频。
恩侈栟幪高覆物,泽覃优渥广同人。
怀侯柔远天生圣,饱德观光子慕亲。
化外幸陪冠带会,期颐介寿拜皇仁。

琉球国副使,正议大夫郑永功诗:

御极垂衣正八旬,普天沐德献琛频。
四夷骈贡蒙王化,五代同堂仰圣人。
召入华筵龙液酒,飞登紫苑凤卮亲。
天颜咫尺沾恩湛,永祝升平万寿仁。

繁华的街市

明代的东江米巷应该是元大都城南护城河的故道,是通惠河的组成部分。营建北京,城垣南移,南护城河改道。城内故道淤塞,形成街巷,东端尚存一段与南护城河相通,成为一个"水泡子",故名"泡子河"。

明代,刘侗、于奕正合著的《帝京景物略》将"泡子河"收入其中:"崇文门东城角,洼然一水,泡子河也。积潦耳,盖不可河而河名。东西亦堤岸,岸亦园亭,堤亦林木,水亦芦荻,芦荻下上亦鱼鸟。"陆启浤有《泡子河》诗作:

> 不远市尘外,泓然别有天。
> 石桥将尽岸,春雨过平川。
> 双阙晴分影,千楼夕起烟。
> 因河名泡子,悟得海无边。

从崇文门内大街向西至半壁街由大都城南护城河淤塞形成的街道,被大明门前的棋盘街分隔成"东江米巷"和"西江米巷"。

大明门,在今毛主席纪念堂所处的位置,是原"T"字形天安门广场的正门(南门),有"国门"之誉。明代称"大明门",清代称"大清门",民国时改称"中华门"。大门两侧楹联为明代翰林学士解缙所书:"日月光天德,山河壮帝居。"

大明门前的棋盘街,因形得名,又称"天街"。天街中间沟通东江米巷和西江米巷的东西通道恰似象棋盘上的"楚河、汉界",通道两端各有一座4柱3间3楼冲天式牌楼。棋盘街四周围以木栏,清乾隆四十年(1775)将木栏换成石栏。

明清之际,棋盘街是商贾云集之地,宴饮娱乐之所。《长安客话》记载:"大明门前棋盘天街,乃向离之象也。府部对列之左右,天下士民工商各以牒至,云集于斯,肩摩毂击,竟日喧嚣,此亦国门丰裕之景。"正因为棋盘街的超常繁华,以致影响交通和治安。所以,明万历八年(1580)五月,工部向皇帝上疏:"请复旧规,以清街道,列为六款。"其中一款便是"别朝市以肃邦畿。棋盘街并正阳桥贸易者,不许搀入禁牌之内"。

明代如此,那么清代如何呢?《天安门广场备忘录》收入一首清代《咏棋盘街》诗:

棋盘街阔静无尘,百货初收百戏陈。
向夜月明真似海,参差官殿涌金银。

1976年,扩建天安门广场,兴建毛主席纪念堂,拆除了中华门和棋盘街。

棋盘街以东的东江米巷在明代属南薰坊。既然以"江米"命名街巷,那么这条街巷最初应该是江米交易的集散地或是出售江米制品店铺集中地,或者二者兼而有之。所谓江米就是黏性稻

人民英雄纪念碑与毛主席纪念堂

米,南方称"糯米",北方叫"江米"。

　　明成祖朱棣由南京迁都北京,从江浙一带迁来大批巨商富贾经营京师,必然带来江南的饮食习惯,江米市场走红京师也在情理之中。至今,北京节令食品元宵、粽子,日常食品切糕、八宝饭、糕点蓼花、江米条、萨其马,以及小吃艾窝窝等都以江米为主要原料。北京人吃江米制品喜欢甜味,尤其是吃切糕,光靠切糕里小枣提味不行,还得蘸白糖。"南甜北咸"在这里并不适用,吃咸味的肉粽子还得说是南方人。

　　靳麟先生在《北京东交民巷杂记》一文中说:"东江米巷在明清两代时,是几个胡同(白家栅栏、花子营、洪厂胡同、台基厂、卖羊肉胡同、水獭胡同等)相互通连的一条街巷。三里长街,商贾云集,是个繁荣的地区。潘荣陛的《帝京岁时纪胜》中

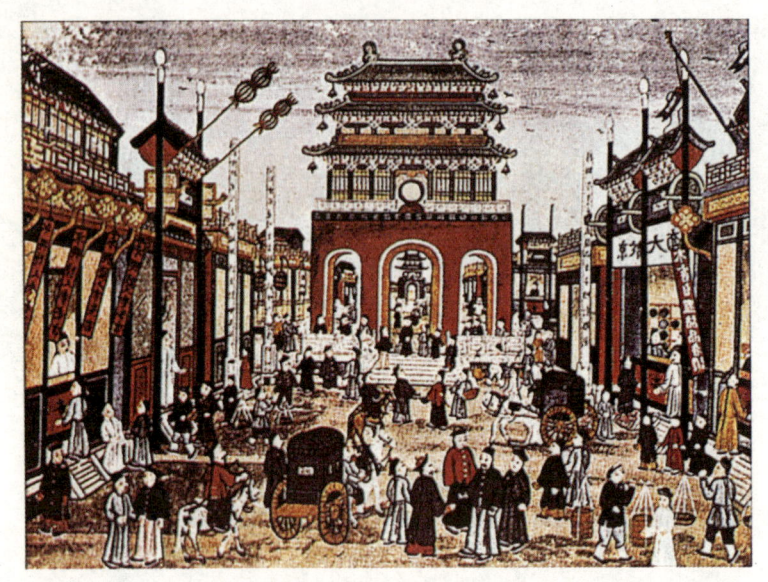

前门商业街

说：'貂裘狐腋，江米街头；珊瑚珍珠，廊房巷口。'可知昔日之盛况。"①可见东江米巷不仅出售江米及其制品，而且作为皮货市场成为京师胜景，是北京与边疆贸易和对外贸易的滥觞。

明代，东江米巷建有会同南馆，负责接待少数民族官员及外国使臣，不仅担负翻译、迎送、清点贡品等任务，还负责管理他们之间的货物交易。来趟北京不容易，顺便带些当地特产互通有无不失为明智之举。

清代，将明代的上林苑监改建成用于接待蒙古王公的骚达子馆，馆内后院是一个大空场，用于堆放和交易货物。《天咫偶

---

① 中国人民政治协商会议北京市委员会文史资料研究委员会编：《文史资料选编》（第四十二辑），北京：北京出版社，1992年1月版，第229页。

闻》记载:"玉河西岸尽南,名达子馆。蒙古年例入都所居,携土货于此贸迁焉。贾肆栉比,凡皮物裘褐之属,毳(cuì)物毡绒之属,野物狍鹿之属,山物雉兔之属,蠕(ruǎn)物菇菌之属,酪物乳饼之属,列于广场之中而博易焉。冬去春来,古之雁臣也,此为里馆(安定门外为外馆),更钜于此。"这就是"貂裘狐腋,江米街头"的注脚。

雍正十年(1732),俄罗斯教士团在会同南馆旧址建东正教堂——奉献节堂,俄籍教士长期留住,俄罗斯使团官员和一些商人也常寄宿于此,故俗称"俄罗斯馆"。奉献节堂兼有客栈功能,促进了中俄贸易的发展。

分析东江米巷成为繁华街市的原因,大致有三:

既有的商业基础

元代,东江米巷一带虽处在大都城外,但文明门外并不荒凉。仅从《析津志辑佚》的记载中便可见一斑:"猪市 文明门外一里""鱼市 文明门外桥南一里""穷汉市 一在文明门外市桥""菜市 丽正门三桥、哈达门丁字街"。《析津志辑佚》还记载:"世祖筑城已周,乃于文明门外向东五里,立苇场,收苇以蓑城。每岁收百万,以苇排编,自下砌上,恐致摧塌,累朝因之。"

大都城的城垣由夯土而成,称"土城",今尚存"北土城路""东土城路"等地名。为防风吹雨淋,在夯土城垣的外边一层一层地用苇排包裹，如同给城垣穿上"蓑衣"。可想而知，大都城的修缮对苇子需求量是巨大的，而苇场就设在文明门外，这也是文明门外有穷汉市的原因。所谓猪市、鱼市、菜市也是大型批发市场。所以，元代文明门外的商业设施齐全。明代城垣南移，将城外的商业设施括入城内，只不过经营项目发生变化，鱼市、猪市、菜市变成江米市、皮货市。

这就是东江米巷传统的商业优势。

优越的地理位置

元、明、清三代，江南运往都城的物资主要靠漕运，仅漕粮一项每年就需要几百万石。元代主要依靠海运，所以称妈祖为"海漕天妃"。明、清两代漕运主要依靠京杭大运河，作为京杭大运河的终点，北京城里也有妈祖庙，称"天后宫"。

天后宫，俗称"妈祖庙"，在育群胡同21号（原马大人胡同12号），院内尚存3间正殿，已改为单位内部职工餐厅。据20世纪50年代调查，天后宫为马大人胡同11号（后改为育群胡同19号，1985年东城区房地产管理局盖办公楼将19号并入）。当时山门已经拆除，尚存3层殿宇，均面阔3间，大式硬山箍头脊筒瓦顶。中殿前后带廊。后殿为正殿，前出廊，殿内有一尊高3.2米的木质漆金天后雕像及泥塑王母娘娘、济公、灵官、地藏菩萨各一尊；殿前有清乾隆五十三年（1788）石碑一座，面南，高3.2米、宽1.05米、厚0.34米，螭首龟趺，碑身四周雕双龙戏珠，碑文《天后宫碑记》由一等嘉勇公福康安撰写。1976年唐山地震后，东城区房管局修缮办公用房，将石碑埋入地下；1985年，将石碑挖出移至钟楼东墙外。

　　元代，通惠河开凿后漕运终点码头设在积水潭，货物可以直接运至大都城内，不再积贮在通州进行二次搬运，降低了仓储、运输成本。因此，极大地促进了大都城的经济繁荣。钟楼、鼓楼一带因邻近积水潭而成为大都城内最为繁华的地方。《析津志辑佚》著者熊梦祥称赞："本朝富庶殷实莫盛于此。"文明门外也因通惠河流经而成为商业重镇。

　　明代，通惠河水量大不如以前。正统三年（1438）五月，在北京城外东南的通惠河上建大通桥，成为漕运的终点码头。因此，通惠河也称作"大通河"。嘉靖三十二年（1553）十月，"新筑京师外城成。上命正阳外门名'永定'，崇文外门名'左安'，宣武外门名'右安'，大通桥门名'广渠'，彰义街门名

钟鼓楼

'广宁'",加上内城东南角楼、西南角楼外侧的外城城垣向北开的东便门、西便门,北京外城共7座城门。故北京城有"内九外七皇城四"之说,皆指城门而言。大通桥在东便门外。

大通桥,由花岗岩条石砌成,为三孔连拱石桥,中孔稍大。桥两侧各有石栏望柱26根、石栏板25块,端部各有抱鼓石1块。望柱为方形,雕有莲瓣平顶柱头,栏板两面均刻有双层四框线条。桥下有闸,西侧桥台与闸连为一体,故又称"大通闸"。"在1959年以前,这一带曾是一处包括东便门、大通桥、喜凤桥、城角楼以及侧墙等在内的古建筑群,特别是在1956年护城河疏浚后,桥、楼、城及其映入清澈河水中的倒影,呈现出一幅非常美丽的画面,此景物自1959年开始陆续拆除了,如今只剩下城角楼了。"[1]

交通便利是商业发展的前提。大通桥成为漕运终点码头,距内城的崇文门最近。因此,不但崇文门内西侧的东江米巷传统商业街区得到提升,崇文门内东侧也形成新的商业街区。今北京站街原名叫作"闹市口",由此可见一斑。

区域的功能定位

明代营建北京,不是择地新建,而是对元代大都城的改建,必须顾及城市的既有基础,因地制宜地规划城市的功能布局。因

---

[1] 胡玉远主编:《燕都说故》,北京:北京燕山出版社,1996年10月版,第106页。

此，东江米巷在明清之际能够成为繁华的商业街区，根本原因是城市规划设计的结果。

衙署林立、府邸众多的布局造就强大的消费群体

明清之际，东江米巷街区设有诸多中央机构，如宗人府、吏部、户部、礼部、兵部、钦天监、太医院等，还设有接待少数民族来京官员和外国使臣的会同馆、培养庶吉士的庶常馆。清代，

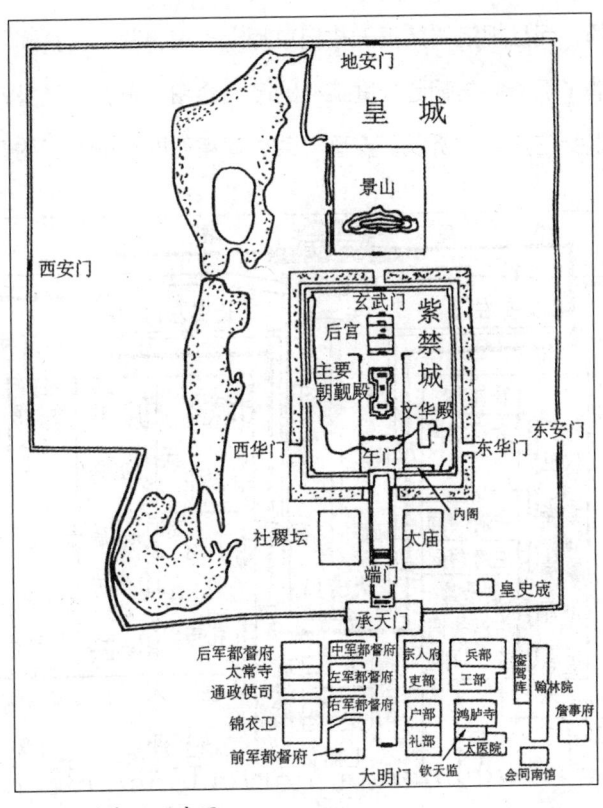

明代主要官署示意图

在御河东建肃亲王府,在御河西建淳亲王府,在台基厂建裕亲王府。此外,一些高官也在此居住。例如:明末,辽东总兵吴三桂的父亲吴襄住在东江米巷;清末,任过礼部尚书和吏部尚书的体仁阁大学士徐桐也住在东江米巷。

衙署林立,必然拉动公款消费,户部街又称"富贵街";府邸众多,必然造就强大的消费群体。尤其在清代,借鉴明代"分封而不赐土"的原则。王,只是爵位,没有领地,王府只能赐建在京师,而且规定"亲王无故出京师六十里,罪与百官同",彻底打消了王爷们与朝廷分庭抗礼的政治企图。王,只是身份的象征、享受的资本。所以,安享尊荣、挥霍无度是王爷们的普遍选

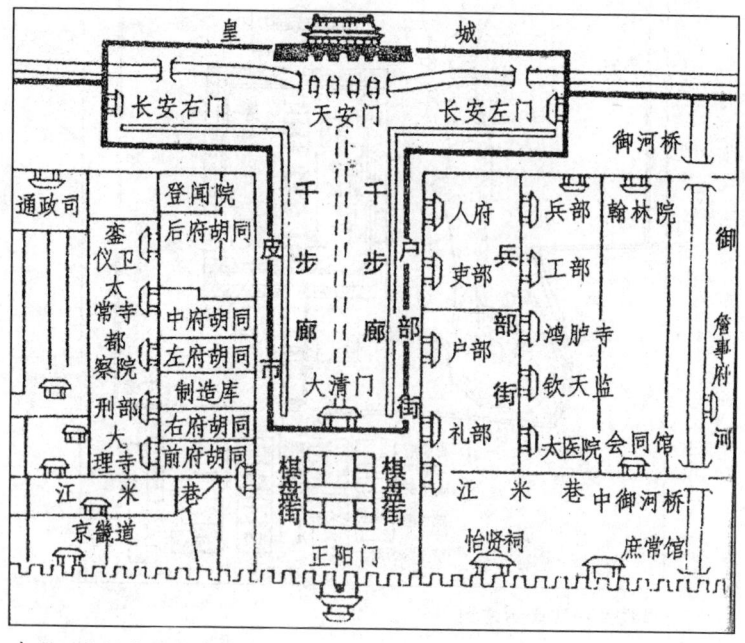

清代天安门广场示意图

择，不过也有例外，醇亲王奕譞曾有《治家格言》："财也大，产也大，后来儿孙祸也大。借问此理是若何？子孙钱多胆也大，天样大事都不怕，不丧身家不肯罢！财也小，产也小，后来儿孙祸也小。借问此理是若何？子孙钱少胆也小，些微产业知自保，俭使俭用也过了。"像奕譞这样的王爷属凤毛麟角。

如此说来，明清之际东江米巷的消费主体是达官贵胄，焉能不生意兴隆？

地近法定税关促进货物流通

北京内城九门因作用有别而又有别称。例如：西直门因过宫中御用水车而称"水门"，阜成门因是运煤孔道而称"梅门"（"煤"与"梅"音同），宣武门因是死刑犯人至菜市口刑场必出之门而称"死门"，崇文门设税关负责收京师商税，故称"税

崇文门

门"，等等。

崇文门，元代称"文明门"，是大都城的东南门，占据"巽"位。元大都左环沧海，右拥太行，南襟河济，北枕居庸，登文明门有东观沧海，南望泰山之义，故又称"海岱门"。文明门俗称"哈达门"，"哈达大王府在门内，因名之"[①]，哈达门又音转而称"哈德门"。崇文门外大街路东的"哈德门饭店"是北京著名旅游定点饭店。青岛卷烟厂生产的"哈德门牌"香烟曾经行销全国，而文明门、海岱门、哈达门则近于销声匿迹。

明代营建北京，拆除今东、西长安街一线的元大都城南城垣，南移1公里筑北京城的南城垣，文明门亦南移二里重建。正统四年（1439），改文明门为"崇文门"。

明代，在崇文门设宣课分司监收商税。弘治六年（1493），将京师九门税课，统于崇文一司，崇文门宣课分司成为北京征收商税的总署。清沿明制，在今哈德门饭店所在地设崇文门监督署，所征货税以茶、酒、烟、布为大宗，每年为内廷后妃供"脂粉钱"——十万两雪花银。宫中太监也从中分肥，有"内臣盼殊恩，年终崇文门"的谚语。

北京有句歇后语：崇文门关当差——发了！这样的肥差当然由最高统治者亲信充当，乾隆皇帝的宠臣和珅当过崇文门监督，慈禧太后的胞弟桂祥也当过崇文门监督。桂祥任职一年后便将府第翻修一新，高兴地说："后半生总算不愁了。"

[①][元]熊梦祥著：《析津志辑佚》，北京：北京古籍出版社，1983年9月版，第2页。

税收之门便是生财之门，朝廷必然倚重。不敢说崇文门居北京内城九门之首，但崇文门监督官衔品级高却是事实，一般由内务府大臣或户部尚书兼任。而且，崇文门开启、关闭城门的信号与其他城门也不同，崇文门以敲钟为号，另外8座城门以打点为号，故有"九门八点一口钟"之说。

崇文门敲钟，在民间文学中附会出防止水淹北京城的传说；也有研究者认为，崇文门敲钟具有指挥其他城门打点的作用。总之，崇文门不同凡响。

明清之际，"天下榷税之关，以京师崇文门胥吏为最侈且暴"。明万历三十五年（1607）正月二十八日，"有泰兴县知县龙镗觐毕出城，意方悒悒也。群珰需索，继之以梃，去数步，遂毙于民舍"[①]。一位堂堂的朝廷命官刚刚受到皇帝的接见，竟因没有满足当值太监所要的出城税便被活活打死在街头。

崇文门是法定的税门。至今，北京尚有一句老话——"咱这货，是从崇文门进的"，以示正大光明、遵纪守法。东江米巷是崇文门内第一条宽敞的街巷，自然成为进出城货物的集散地。出城的货物在这里集中准备通关，进城的货物在这里集中等待批发。这，应该就是东江米巷设计时的区域功能定位。

[①] 赵其昌主编：《明实录北京史料（四）》，北京：北京古籍出版社，1995年12月版，第353页。

众多的衙署

明代营建北京也遵循"面朝背市"的设计原则,在皇城南门——承天门(清代改称天安门)外建有"T"字形封闭广场。广场辟有三门:南为大明门(清代改称大清门),东为长安左门,西为长安右门。广场内东、西两侧建有连檐通脊、黄瓦红柱、汉白玉石阶的长廊,称"千步廊",用以连接大明门与长安左门、长安右门,东、西千步廊各为144间。广场是国务活动场所,其中最重要的活动是"金凤颁诏"。明清之际,凡是颁布全

"金凤颁诏"仪式

国的"诏书",都要在广场举行隆重仪式,其中有一个环节:一只木质金色凤凰口衔"诏书",在承天门(天安门)城楼正中临时搭建的"金凤台"前由彩绳牵引缓缓而下,礼部堂官城下接诏。此谓"金凤颁诏"。广场红墙外东、西两侧按文东武西排列着中央机构——五府六部。这就是"面朝"。

所谓"背市",是指永乐十八年(1420)在皇城北门——北安门(清代改称地安门)外重建鼓楼、钟楼,并按前朝旧制在此开辟市场,作为京师的商业中心。

有的书中写道:"皇城在紫禁城外、内城的中央。其六门原为正南的大明门(清称大清门),其东为长安左门,其西为长安右门,东为东安门,西为西安门,北为北安门,现已荡然无存,唯地名保留下来。"其实,作为地名,北安门并没有保留下来,保留下来的是地安门;而大明门、长安左门、长安右门也从未做过地名。

将广场纳入皇城之内,而将承天门(天安门)从皇城的城门中剔除似有违常识。

第一,北京城"内九外七皇城四"尽人皆知。人们所说的皇城四门,即指天安门、地安门、东安门、西安门。至于广场三门,南门有国门之誉,随朝代更替而改名;东、西二门具有沟通东、西长安街的作用,也是东、西长安街的起点,终点是东单牌楼和西单牌楼,从东单到西单统称"十里长安街"。20世纪1980年代,北京市楹联协会曾以此出联征对:"十里春风,长安两道";应征的最佳下联是"千秋晓月,永定一桥"。

第二，皇城是方方正正的。承天门（天安门）外"T"字形广场虽然有墙体与皇城南城垣相接，但不在皇城范围之内，可以视为皇城乃至紫禁城的附属建筑。北安门（地安门）外的鼓楼、钟楼虽然没有墙体与皇城北城垣相连，但清乾隆十二年（1747）《御制重建钟楼碑记》却写道："器钜则用广，非藉楼表式之，无以肃远近之观。且二楼相望，为紫禁后护。"既然，鼓楼、钟楼是"紫禁后护"，那么，"T"字形广场则是"紫禁前导"。这两组建筑亦可理解为是"面朝背市"理念在都城设计格局上的标志性建筑物。如果把"前导""后护"都归入皇城，皇城就不是方形的了。

《光绪顺天府志》载："皇城在京城中，围径三千二百二十五丈九尺四寸。自正阳门之内曰大清门，东南曰长安左门，西南曰长安右门，东曰东安门，西曰西安门，正北曰地安门，旧称北安门，顺治九年改今名。"[①]这大概是皇城六门说的依据。其实，在另起一段的叙述中涉及到了天安门："其长安门内，正中南向者为天安门，旧称承天门，顺治八年改今名，是为皇城正门。门五阙，重楼九楹，彤扉三十六。"[②]既然天安门是皇城的正门，那么皇城正门外的大清门、长安左门、长安右门就只能是天安门广场的南门、东门和西门。

明代，从承天门广场东墙至御河（玉河）是衙署集中区域。

[①] [清]周家楣、缪荃孙编纂：《光绪顺天府志》，北京：北京古籍出版社，1978年12月版，第17页。

[②] 同上，第18页。

广场东墙外的南北向街巷称"户部街",俗称"富贵街",因户部掌管赋税而得名。户部街东自北向南排列着宗人府、吏部、户部、礼部,分而述之。

宗人府

管理皇室宗族事务的机构,明代,宗人府的最高长官称为"宗人令",由亲王担任。正统七年(1442)建衙署于此,坐东朝西。建有经历司、左司、右司、黄档库、黄档房、银库、玉牒库等。清代,改"宗人令"为"宗令",宗令、左宗正、右宗正各设一名,由"亲王、郡王、贝勒、贝子、宗室公、将军为之"。

吏部

吏部为掌管全国官吏任免、考课、升降、调动等事务的机构,列六部之首,长官为吏部尚书,别称"大司徒"。永乐十八年(1420)建吏部衙署于此,坐东朝西,大堂西向,左为司务厅,右为土地祠;文选、稽勋、考功、验封四司分列南北,南为文选、稽勋二司,北为考功、验封二司。此外,还建有稽俸厅、督催所,在"吏部穿堂之右,屋三楹……乃吏部长官治事之所",即吏部尚书办公室,前有一株古藤非常著名。因此,"吏部长官治事之所"又称"藤花厅"。刘侗、于奕正合著《帝京景物略》将"吏部古藤"收入其中。

古藤栽于弘治六年（1493），为时任吏部尚书吴宽所植。吴宽（1435—1504），字原博，号匏庵，直隶长州人。成化八年（1472）状元，官至尚书衔，谥"文定"。后人仰其文德，睹物思人，常有咏吏部古藤之作。《帝京景物略》收录徐显卿《题吴文定公朱藤》诗作，择其一首：

少宰含香侍孝宗，当年退食倍从容。
五朝遗迹朱藤老，千载高风紫蔓重。
春至让荣官道柳，岁寒同秀禁庭松。
自怜才薄心如水，寤寐明良似可从。

清代，吏部尚书满、汉各设一名，侍郎满、汉各设两名。

户部

户部为掌管全国土地、户籍、赋税、财政收支等事务的机构，为六部之一，长官为户部尚书，别称"大司农"。清末，京师坊间曾以李鸿章、翁同龢的官衔与籍贯撰联讥讽：宰相合肥天下瘦，司农常熟世间荒。

《顺天府志》载："户部在吏部南，西向，亦因明旧址建。大堂西向，司务厅在其左，诸司属以次分列。江南、贵州、陕西、湖广、浙江、山东六司在左廊后南夹道内，福建、江西、河南、云南、四川、广西六司在右廊后北夹道内，陕西、广东二司在二门外，南北向。"清代，户部尚书满、汉各设一名，侍郎满、汉各设两名。清末，将民政部分划出，添设民政部，财政部分改设度支部，户部遂废。

宣统三年（1911），清廷成立皇族内阁，善耆署民政大臣，载泽署度支大臣。

礼部

礼部为掌管礼仪、祭享、贡举等事务的机构，为六部之一，长官为礼部尚书，别称"大司仪"。宣德五年（1430）建礼部于东江米巷。清代原址重建，坐东朝西，进大门南为铸印局，北为韩昌黎祠；大堂西向，左为督催所（旧儒士厅），右为司务厅；仪制、主客二司在南，祠祭、精膳二司在北。清代，礼部尚书满、汉各设一名，侍郎满、汉各设两名。

光绪三十一年（1905），清廷设立学部，并将国子监并入学部，礼部遂废。

明清之际，国家级祭祀活动是礼部的主要工作之一。清代，将国家级祭祀活动分为3类：大祀、中祀、群祀，大祀由皇帝致祭，中祀由皇帝或派遣官员致祭，群祀由皇帝指定官员致祭。大祀祭祀的内容是圜丘、方泽、祈谷、太庙、社稷，"祭祀祝版皆清文，满官读祝，须声音洪亮，高下得宜……习其业者，日夜演赞，务极宏远之音。累月经年，乃就娴熟，即获翎顶。既与骏奔之列，襄赞无误，多有晋品秩、换花翎者。京师谚语云：十年窗下苦，不及一声嘌"①。

户部街迤东又有一条南北向街巷，名"兵部街"，兵部街路东从北向南排列着兵部、工部、鸿胪寺、钦天监、太医院，分而述之。

兵部

兵部为掌管全国武官选用和兵籍、军械、军令等事务的机构，为六部之一，长官为兵部尚书，别称"大司马"。《顺天府志》载："兵部在宗人府后，亦仍明旧址建。大门西向，门内为会同馆。大堂五楹，武选、职方二司在其南，车驾、武库二司在其北。又司务厅、督催所、稽俸厅皆在大堂左右。又二堂五楹（中有照壁，刊周礼大司马法一则，犹明代物），又武选司设杨椒山祠。旧有兵部督捕公署，顺治十一年特设，专诘八旗逃丁与窝逃者，并查缉盗贼。康熙三十八年裁并兵部。"清代，兵部尚书满、汉各设一名，侍郎满、汉各设两名。光绪三十二年（1906）九月，清廷变法，厘定官制，兵部改为陆军部，以练兵处、太仆寺（马政局）并入。陆军部衙署设在铁狮子胡同（今张自忠路3号）原和亲王府旧址。2006年，清陆军部和海军部旧址被国务院公布为全国重点文物保护单位。

---

①[清]吴振棫著：《养吉斋丛录》，北京：北京古籍出版社，1983年12月版，第81页。

清陆军部和海军部旧址

工部

工部为掌管工程、工匠、屯田、水利、交通等事务的机构，为六部之一，长官为工部尚书，别称"大司空"。《顺天府志》载："工部在户部后，西向，仍明旧址建。大堂西向，营缮、都水二司在左廊，虞衡、屯田二司在右廊。司务厅在大堂之左，料估所在堂右，堂后为督催所。其堂官视事之所亦曰藤花厅，枝干虬蟉，与吏部相似，第不传为何人所植也。"清代，工部尚书满、汉各设一名，侍郎满、汉各设两名。光绪三十二年（1906）九月，清廷变法，厘定官制，"商部改为农工商部，而裁旧时之工部，另设邮传部以理交通"[①]。

[①] 印鸾章编：《清鉴》，北京：中国书店，1985年3月版，第911页。

鸿胪寺

鸿胪寺隶属于礼部,职掌朝廷祭祀的礼仪赞导,长官为鸿胪寺卿。鸿胪寺衙署在工部南,坐东朝西,衙署后为御药库。清代,鸿胪寺卿满、汉各设一名,少卿满、汉各设一名。礼部满尚书监管鸿胪寺。

今中山公园尚有鸿胪寺遗物——习礼亭,在坛南门外,为园中景致。该亭原为鸿胪寺衙署内的一座六角攒尖黄琉璃瓦亭,供初入京官员及外国使臣朝见习礼之用。1915年迁至此处。

习礼亭

钦天监

钦天监为掌管观察天象、推算节气历法的机关,长官为钦天

汤若望画像

监监正。正统七年（1442）建衙署于东江米巷，清乾隆四十一年（1776），奉召重修。衙署坐东朝西，东邻御药库。"堂前月台设晷影一座。堂左石碣一，恭纪雍正二年二月二日庚午日月合璧、五星连珠之瑞。堂后凡三重，其廨宇之数共百有十"[①]。清初，钦天监监正满、西洋各设一名，监副满、汉各设一名。"钦天监旧用西洋人推算，有为监正、监副者。道光间，高拱宸等或归本国，或病殁。时监中已谙西法，无须用彼土人，遂奉旨停止

---

① 陈宗蕃编著：《燕都丛考》，北京：北京古籍出版社，1991年10月版，第173页。

西洋人入监"①。德国人汤若望曾任钦天监监正。

太医院

太医院是为宫廷服务的医疗机构,长官为院使,设左、右院判各一名,下设御医、吏目、医士数十人。明清之际,太医院院使为正五品,故太医院称"五品衙门"。清代,光绪年间曾授院使庄守和二品花翎顶戴,实属格外加恩。宣统元年(1909),赵文魁为太医院院使;1923年,清逊帝溥仪赐赵文魁头品花翎顶

太医院旧影

---

①[清]吴振棫著:《养吉斋丛录》,北京:北京古籍出版社,1983年12月版,第2页。

戴，有开空头支票之嫌；1924年，溥仪被逐出宫禁，太医院烟消云散。

太医院在钦天监南，"太医院亦在礼部后，西向。大堂外左南厅，右北厅，后为先医庙。外门（额）曰棂星门，内门（额）曰咸济门，殿（额）曰景惠殿，供三皇圣像。左右庑列勾芒、风后至王冰（各）配位，殿旁为省牲房。先医庙外北向者为药王庙，有铜人像，盖即明英宗时修者也"①。

銮驾库

銮驾库即皇帝的车驾库，明代属御马监，位于兵部街迤东的一条南北向夹道的北段。清顺治十八年（1661），改御马监为"阿敦衙门"；康熙十六年（1677），改阿敦衙门为"上驷院"。

上林苑监

上林苑监为明代内官十二监之一，掌管皇家园囿事务，位于兵部街迤东的一条南北向夹道的南段，北邻銮驾库。明代内官十二监归宦官执掌，权力甚至在外廷正规机构之上。清代，吸取前朝经验教训，设内务府，宦官统归内务府管辖，遂无宦官专门

---

① 陈宗蕃编著：《燕都丛考》，北京：北京古籍出版社，1991年10月版，第173页。

掌管的衙署。乾隆年间，在上林苑监旧址建成用于接待蒙古王公的骚达子馆。

銮驾库、上林苑监往东至御河（玉河）西岸，自北向南又有两个衙署——翰林院和会同南馆。

翰林院

唐代初置翰林院，本为各种文艺技术内廷供奉之处，明代始将修史、著作、图书等事务并归翰林院，正式成为外朝官署。

《燕都丛考》转引明代廖道南所著《殿阁词林记》："国初建官，以本院为近侍衙门，故公署虽在外，而僚属相聚恒在馆阁。洪武初，建翰林院于皇城内，学士而下晚朝即宿其中。扁之曰'词林'。永乐中，行在本院官仍在禁内供奉，不别立公署。正统七年八月，诏建于长安左门外玉河西岸。"

清沿明制，设翰林院掌编修国史，记载皇帝言行的起居注，进讲经史，以及草拟有关典礼的文件等，长官为掌院学士。掌院学士满、汉各设一名；侍读学士、侍讲学士满、汉各设三名；侍读、侍讲满、汉各设三名；检讨无定员；典簿，孔目，待诏满、汉各设一名；笔帖式（一说为"博士"音译）由旗籍人士出任，满洲40名、汉军4名，负责翻译。以上各职统称"翰林"；在南书房行走者，皆为翰林出身，官衔称"南书房翰林"。

清代，在明代翰林院旧址重建，"院门北向，第三重为登瀛门。堂五楹，堂西偏为读讲厅，东为编检厅，左廊围门内为状元厅,右廊围门内南向者为昌黎祠,北向为土谷祠。堂之后为穿堂,左为待诏厅,右为典簿厅,后为后堂,南向,高庙(笔者注:即乾隆皇帝)、仁庙(笔者注:即嘉庆皇帝)临幸时御此。后堂东西屋二楹,为藏书库。院内东偏有井,覆以亭,曰刘井,明学士刘定之所浚。西偏为柯亭,明学士柯潜所建。自后堂西南,为敬一亭(《明世宗实录》"七年二月敬一亭成")。自刘井而东为清秘堂,堂前为瀛洲亭,亭下方池为凤凰池,池南为宝善堂,堂后为陈乐轩(笔者注:陈乐轩应为"成乐轩"。《养吉斋丛录》第20页载:堂后为成乐轩,石刻董其昌成乐轩记),自柯亭而西为先师祠,祠南为西斋房,又南为原心亭"[1]。

乾隆九年(1744),重修翰林院完工,乾隆皇帝御书"稽古论思""集贤清秘"二匾挂在正堂,赐《古今图书集成》一部藏于宝善堂。十月二十七日,乾隆皇帝送掌院大学士鄂尔泰、张廷玉到院,赐宴赋诗,与宴者165人。嘉庆九年(1804)二月初三,嘉庆皇帝驾临翰林院,赐宴赋诗,与宴者38人,御书"天禄储才""清华励品"二匾,摹刻悬于院中。

会同南馆

会同南馆在东江米巷御河中桥西街北,明正统六年(1441)建,弘治五年(1492)改建,共有房屋387间。清雍正十年

---

[1] 陈宗蕃编著:《燕都丛考》,北京:北京古籍出版社,1991年10月版,第180页。

(1732),在明代会同南馆旧址建东正教"奉献节堂",俗称"俄罗斯馆"。会同馆设在兵部衙署外院。

会同馆是朝廷接待少数民族官员及外国使臣的机关,掌管翻译、伴送、点视贡物及在馆互市等事务,原以礼部尚书领馆事。明弘治五年(1492),改由礼部主客司主事一员提督馆事;清乾隆十三年(1748),将四译馆并入,更名为"会同四译馆",以礼部郎中兼鸿胪寺少卿提督馆事。

詹事府

詹事府在御河(玉河)东岸,御河中桥东偏北。《燕都丛考》转引《词林典故》:"詹事府在玉河(之)东,西向,明代所建,我朝仍其旧制。门内南偏为土地祠。大堂之南厅事左右春坊官居之,北厅事司经局官居之,堂之后为穿堂,又后为退堂。穿堂之南有厅事,为府中官僚视事之所,退堂之后中为先师祠,其旁为斋房。有碑,镌康熙十六年所赐御书'存诚'二字。"

詹事府始设于明代。初设大本堂,召四方名儒教授太子诸王,或在文华殿进讲。洪武二十二年(1389)设詹事院,洪武二十六年(1393)改院为府;正统七年(1442),建詹事府衙署于东江米巷。詹事府设詹事、少詹事,为三、四品官衔。永乐二年(1404)状元曾棨任过詹事府少詹事。清代,詹事府詹事满、汉各设一名,少詹事满、汉各设一名。清末,废詹事府。

庶常馆

庶常馆在御河（玉河）中桥西东江米巷街南，清雍正十一年（1733）始建。《词林典故》载："恩赐教习庶常馆在正阳门内以东，往时教习庶吉士未有专馆，就院中闲旷屋宇大堂廊庑居之，为肄业之所。雍正十一年，特赐官房一区于正阳门内迤东，当翰林院之西南，面城。门南向，堂西向，后有楼以贮赐书。中后堂为教习庶吉士大臣讲道（课）之所，余东西（从）房皆庶吉士居之。乾隆三十三年重加修葺。"

庶吉士又称"钦点翰林"，庶常馆是庶吉士深造的场所，新科进士授庶吉士入馆学习3年，考试成绩优良者授予官职。"唯雍正元年，二甲一名张廷珩即授检讨。十一年，二甲一名张若霭即授编修。皆未选庶常而授职者"。

堂皇的府第

《明实录北京史料（一）》载："永乐十八年（1420）十二月，初，营建北京，凡庙社、郊祀坛场、宫殿门阙规制悉如南京，而高敞壮丽过之。复于皇城东南建皇太孙宫，东安门外东南建十王邸，通为屋八千三百五十楹。自永乐十五年六月兴工，至是成。"

十王邸又称"十王府"，在今王府井大街路东，北起金鱼胡同，南至帅府园胡同，南邻会同北馆。姜纬堂先生在《王府井的七百年》一文中写道："北京的所谓十王府，决非'十座王府'或'十个王府'，也非供已'之国'藩王'来朝'居停之所，而是用为年'渐成长'，已封王但尚未'之国'就藩的皇子居所。其形式，则是'同为大宅，分院居'，即在同一大府中，分若干院落以居之。所谓'十'，犹如百孙院之'百'，只不过是'举其（全）数'，与习所谓十锦、十样、百姓、百家之非必指十指百相同，仅喻其多而已。其意，实与'诸'字相同，故十王府应即诸王馆。"[1]

十王府在澄清坊，距南薰坊的东江米巷街区很近，中间隔着

---

[1] 北京新剧本杂志社编：《王府井大观》，北京：中国戏剧出版社，1993年8月版，第7页。

台基厂大街

东长安街。然而,北京营建之初,东江米巷街区尚无府第记载,在今台基厂大街路东,北临东长安街建有台基厂。台基厂属工部,是堆放柴薪和芦苇的场所。明代,工部设五大厂:在东长安街路南设台基厂,在崇文门外设神木厂,在宣武门外设琉璃厂、黑窑厂,在朝阳门外设大木厂。五大厂作为地名流传以"琉璃厂"名气最大,是北京著名的传统文化街。《燕都丛考》转引《藤阴杂记》:"厂东门内一宅,相传王渔洋(笔者注:王士禛,号渔洋山人,山东人,顺治年间进士,诗人,官至刑部尚书,谥"文简")曾寓,

王士禛画像

琉璃厂

手植藤花尚存。近程鱼门晋芳（笔者注：程晋芳，安徽人，乾隆年间进士，官至翰林院编修）移居，以诗寄袁太史枚（笔者注：袁枚，字子才，浙江人，乾隆年间进士，诗人），有'势家歇马评珍玩，冷客摊前问故书'之句。笑曰：'此必琉璃厂也。'"

　　北京内城营建之初，东江米巷街区刚刚括入城内，空地尚多。因此，才能在此建立占地甚广的堆放柴薪、芦苇之所。柴薪、芦苇怕湿怕沤，为防潮建起高于地面的台基用于堆放，这应该是台基厂得名的原因。随着时间的推移，东江米巷渐次形成北夹道、柴火栏、薛家胡同、三义庵、笤帚胡同、白家栅栏等诸多街巷。明末，辽东总兵吴三桂的父亲吴襄住在东江米巷。崇祯十七年（1644）三月，闯王李自成攻克北京，建立大顺政权。驻守山海关的吴三桂乞求清军出兵，共同镇压大顺军。四月二十二日，吴三桂率领500名亲兵迎接多尔衮入关，并"即于军中剃发设誓"，向多尔衮投降。多尔衮封吴三桂为"平西王"。

　　清军入关后，即与大顺军在山海关附近决战。大顺军战败，李自成退回北京，杀吴襄全家。

五月一日，清军进入北京城，多尔衮与诸王贝勒大臣商议决定，建都于燕京。"九月乙亥，世祖发盛京，癸未次广宁，癸卯驻通州，多尔衮率诸王、贝勒、贝子、公及文武大臣迎驾，甲辰至燕京。十月乙卯朔，世祖亲诣南郊祭告天地，即皇帝位……定都北京"①。

清世祖福临颁诏，京师兵民分城而居，八旗居住在内城，汉民等居住在外城。北京内城成为八旗防地，东江米巷属正蓝旗，在御河（玉河）东岸建佐命殊勋八大"铁帽子王"之一豪格的肃亲王府。

所谓佐命殊勋、世袭罔替的八大"铁帽子王"，是指清初因战功授封的8个可以代代继承的王爵。

崇德元年（1636），清太宗皇太极定爵九等：亲王、郡王、贝勒、贝子、镇国公、辅国公、镇国将军、辅国将军、奉国将军。顺治六年（1649），复定亲王、郡王等至奉恩将军凡十二等："曰和硕亲王、曰多罗郡王、曰多罗贝勒、曰固山贝子、曰奉恩镇国公、曰奉恩辅国公、曰不入八分镇国公、曰不入八分辅国公、曰镇国将军、曰辅国将军、曰奉国将军、曰奉恩将军。""惟睿、礼、郑、豫、肃、庄、克勤、顺承八王，以佐命殊勋、世袭罔替。"

睿亲王多尔衮为清太祖努尔哈赤第十四子，崇德元年（1636）首封和硕睿亲王；

---

① 印鸾章编：《清鉴》，北京：中国书店，1985年3月版，第44页。

礼亲王代善为清太祖努尔哈赤第二子，崇德元年（1636）首封和硕兄礼亲王；

郑亲王济尔哈朗为清太祖努尔哈赤之弟舒尔哈齐的第六子，崇德元年（1636）首封和硕郑亲王；

豫亲王多铎为清太祖努尔哈赤第十五子，崇德元年（1636）首封和硕豫亲王；

肃亲王豪格为清太宗皇太极长子，崇德元年（1636）首封和硕肃亲王；

庄亲王硕塞为清太宗皇太极第五子，顺治元年（1644）首封承泽郡王，顺治八年（1651）以功晋和硕庄亲王；

克勤郡王岳托为礼亲王代善长子，崇德元年（1636）封和硕成亲王，崇德三年（1638）卒于军中，追封多罗克勤郡王；

顺承郡王勒克德浑为礼亲王代善之孙、颖亲王萨哈璘（代善第三子）的第二子，顺治五年（1648）以功封顺承郡王。

清代，东江米巷街区有3座王府，按建府的时间顺序排列，肃亲王府为第一座王府，第二座王府是裕亲王府，第三座王府是淳亲王府。

肃亲王府

肃亲王府始为豪格（1609—1648）府第。豪格27岁封王，兼理户部。32岁时率军围松山（今辽宁锦州南），次年破城，擒洪承畴。崇德八年（1643），皇太极驾崩。礼亲王代善倡议由豪格继位，豪格辞让。睿亲王多尔衮拥立年仅6岁的福临（皇太极第九子）继位，并说："若谓其幼，吾愿与豫亲王多铎辅佐之。"

福临继位后，豪格被削爵。

顺治元年（1644）八月，豪格率军平定山东、河南；十月，豪格复肃亲王爵。顺治三年（1646），豪格任靖远大将军，进攻陕西、四川，杀张献忠。顺治五年（1648），豪格遭摄政王多尔衮构陷革爵入狱，死于狱中，其福晋博尔济锦氏被多尔衮纳为侧福晋。顺治八年（1651）二月，清世祖福临宣布多尔衮罪状，为豪格平反，追封肃亲王；豪格第四子富绶袭王爵，改号曰"显"。顺治十三年（1656），追谥豪格曰"武"，称"肃武亲王"，豪格是有清一代亲王享有谥号的第一人。

乾隆四十三年（1778），显亲王蕴著恢复始封王号"肃"。

东四十四条原肃亲王新府

因此，肃亲王府在历史上有一段时间称"显亲王府"。

肃亲王府从第一位府主豪格算起，经历了10位府主。最后一位府主善耆，光绪二十四年（1898）袭爵；光绪二十六年（1900），随慈禧太后和光绪皇帝逃往西安；待回京之时，《辛丑条约》已经签订，肃亲王府被日本公使馆占据，善耆迁住在船板胡同（今东四十四条）西口内路北，称"肃亲王新府"，但已不是王府规制了。

裕亲王府

裕亲王府在明代台基厂旧址修建。"该府始封王系世祖第二字福全，于康熙六年（1667）被封为裕亲王，并于当年建府。据《清史稿》记载：康熙帝对福全'友爱篤笃，尝命画工写御容与并坐桐阴，示同老意也'。帝并赠其诗《咏桐老图》：'丹桂秋香飘碧虚，青桐迎露叶扶疏。愿将花萼楼前老，帝子王孙永结庐。'"[①]

福全与康熙皇帝玄烨是挨肩兄

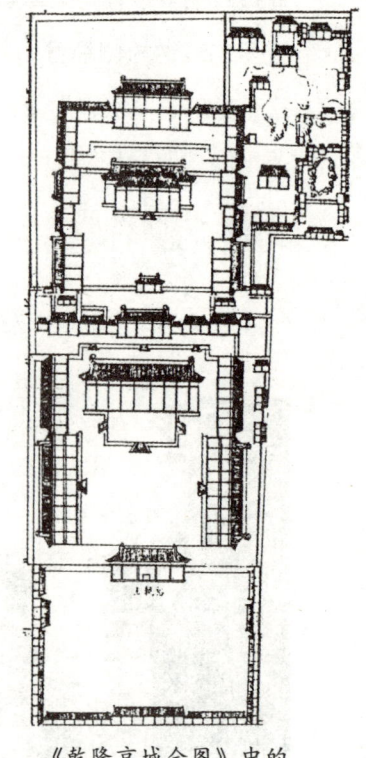

《乾隆京城全图》中的裕亲王府

[①] 王梓著：《北京地方志·风物图志丛书·王府》，北京：北京出版社，2005年7月版，第84页。

弟，一个老二，一个老三，年龄相仿，且关系极好。因此，裕亲王虽是世袭递降的王爵，但却承袭了三代，从第五代亮焕开始递降承袭，成为裕郡王。

同治十年（1871），裕亲王府已经递降为镇国公府，府主荣毓，该府又称"毓公府"，毓公府被改建为奥地利使馆。

淳亲王府

淳亲王府在御河（玉河）西岸，始封王系清圣祖玄烨第七子允祐。康熙四十八年（1709）封淳郡王，雍正元年（1723）晋淳亲王。

淳亲王为世袭递降王爵，传至第五代奕梁已为镇国公，故该府称"梁公府"。咸丰十一年（1861），英国公使额尔金强租梁公府设立使馆。

王府有其建筑规制。金寄水、周沙尘著《王府生活实录》有一幅《睿王府示意》，按图所示便可了解清代亲王府的建筑格局：

亲王府坐北朝南，分东、中、西三路。正中为绿琉璃瓦顶的府门5间，又称"宫门"；府门东、西两侧各有角门一座，称"阿斯门"；府门外东、西两侧相对应地安置石狮、灯柱、拴马桩和辖禾木（用于限制行人通过的木杈子），府门对面是一座影壁。府门内一进院正房是建在1.5米高的台基上的大殿5间，上覆绿琉璃瓦，俗称"银安殿"；东、西两侧厢房各3间，东为"笔札房"（秘书处），西是"回事处"（传达室）。大殿后面有二府门3间，又称"小殿"；二府门正北有神殿5间，院内东配殿为佛堂，西配殿是大厅。神殿后面又形成一个院落，有正房5间，名"安福堂"。安福堂后面是后下房，此为中路。

东路从南往北依次为：档子房、库房、厨房、戏台、家庙、遗念堂（供奉御赐物品的场所）等建筑；西路为休闲区，除去屋宇还有池塘、假山、游廊、亭、轩等。

清末，道光年间进士，曾任礼部尚书、吏部尚书的体仁阁大学士徐桐住在东江米巷；道光年间进士，曾任户部尚书、顺天府乡试副主考朱凤标的宅第在白家栅栏。他们的宅邸均毁于八国联军入侵北京之时。

梁公府原有大门，英国人把大门的墙拆除，只留下柱子，改成一个长廊

敬天的堂子

顺治元年（1644）十月，"建堂子于玉河桥东。清初起自辽沈，有设杆祭天之礼，又总祭社稷诸神祇于静室，名曰堂子"。①

最初堂子所处的位置在东长安街与今王府井大街、台基厂大街十字路口的西南角，主要建筑为祭神殿、拜天圜殿、上神殿。祭神殿面南，殿前正中设皇帝致祭立杆石座，皇帝致祭立杆石座两侧分设6行（每行6个）皇子、王、贝勒、公等致祭立杆石座。神杆由松树、柏树制成，故堂子墙外松柏成林。"满人欲请神杆者，具呈礼部，任择其一而仍以稚者补之"。皇帝致祭神杆高两丈、直径5寸，由一棵松树砍削而成，杆顶挂黄色高丽纸神幡。

清代，朝廷的各种祭祀活动均由礼部负责，唯祭堂子由内务府负责。每年正月和春秋两季举行堂子大祭，又称"立杆大祭"，为之前历代王朝所没有。康熙十二年（1673），明文谕令："凡祭堂子汉官勿随往。"参加"立杆大祭"的为皇帝及八旗王公贵族，陪祀的官员也是满洲贵族。因此，增强了神秘感。

昭梿撰《啸亭杂录》专有《堂子》一目，应该是知情者说。

---

① 印鸾章编：《清鉴》，北京：中国书店，1985年3月版，第44页。

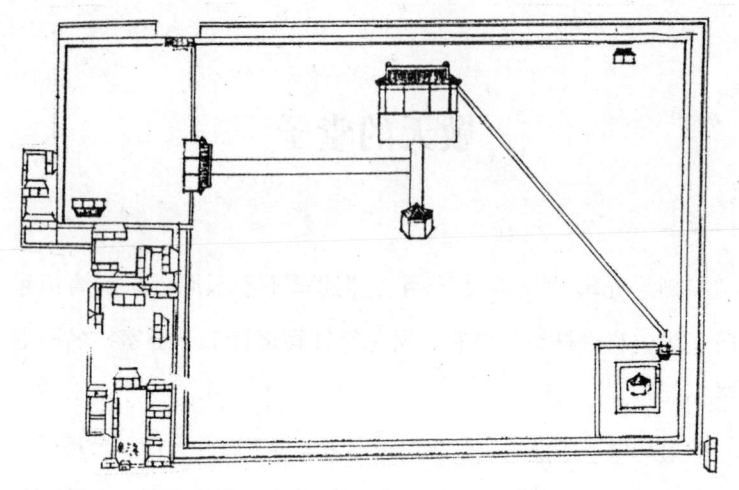

《乾隆京城全图》中的堂子

昭梿（1776—1829），礼亲王代善后人。嘉庆十年（1805）袭礼亲王，为十一代礼亲王；嘉庆二十一年（1816），因"凌辱大臣，对庄头滥用非刑"被削去王爵，圈禁半年。

抄录《堂子》一目如下：

堂　子

国家起自辽、沈，有设杆祭天之礼。又总祀社稷诸神祇于静室，名曰堂子，实与古明堂会祀群神之制相符，犹沿古礼也。既定鼎中原，建堂子于长安左门外，建祭神殿于正中，即汇祀诸神祇者。南向前为拜天圆殿，殿南正中设大内致祭立杆石座。次稍后两翼分设立各六行，行各六重，第一重为诸皇子致祭立杆石座，诸王、贝勒、公等各依次序列，均北向。东南建上神殿，南

向，相传为祀明将邓子龙位。盖子龙与太祖有旧谊，故附祀之。岁正朔，皇上率宗室、王、公、满一品文武官诣堂子，行拜天礼。凡立杆祭神于堂子之礼，岁以季春、季秋月朔日举行。祭日悬黄幡，系彩绳，缀五色缯百缕，楮帛二十有七，备陈香镫。司俎官于大内恭请神位，由坤宁宫以彩亭舁出，行中路至堂子，安奉于祭神殿内东向，陈糕饵九盘，酒盏三。圆殿陈糕饵三，酒盏一，楮帛如数。司俎官以赞祀致辞行礼。大内致祭后，越日为马祭神于堂子如仪。凡月祭，孟春上旬三日，余月朔日，大内遣司俎官率堂子官吏于圆殿献糕酒，行礼如仪。是日，内管领一人，于上神殿献糕酒楮帛，亲、郡王各遣护卫一人，于上神殿献楮帛。凡浴佛之礼，岁以孟夏上旬八日，司俎官率执事人等，自大内请佛至堂子祭神殿，陈香镫献糕酒，王公各遣人献糕。执事设盥盘，赞祀二人浴佛毕，六酌献，三致祷如仪。是日大内及军民人等不祈祷，不祭神，禁屠宰，不理刑名。凡出师展拜堂子之礼，皇上亲征如仁皇帝征噶尔丹事。诹吉起行，内府官预设御拜

坤宁宫内祭祀用的煮肉神灶

褥于圆殿外,及内门外御营黄龙大纛前,兵部陈螺角,銮仪卫陈卤簿均如仪。皇上先诣圆殿,次诣纛前,均行三跪九叩礼。六军凯旋,皇上入都门,先诣堂子行礼。命将出师,皇上率大将军及随征将士诣堂子行礼,仪式与亲征同。凯旋日,诣堂子行告成礼,均与古之祃祷(mà chóu)告功明堂之礼相同。实国家祈祷之虔,百神之所佑庇,与商、周之制若命符节,所以绵亿万载之基也。

堂子

受辱的东江米巷

"一天,两个强盗走进了圆明园,一个掠夺,一个放火。可以说,胜利是偷盗者的胜利,两个胜利者一起彻底毁灭了圆明园……"

联军的暴行

18世纪末期，英国通过"英国东印度公司"向中国出口鸦片，进行可耻的鸦片贸易。

嘉庆元年（1796），朝廷以输入渐多，白银外流，影响国计民生，且鸦片毒害人民，下诏禁止鸦片进口。但英、美散商仍大量输入，且逐年增长。嘉庆五年（1800），进口2000箱；到了道光十七年（1837）便增至3.9万箱。道光十八年（1838）四月，鸿胪寺卿黄爵滋奏请严禁鸦片；十月，清宣宗旻宁以湖广总督林则徐为钦差大臣，赴广东查办鸦片事务。

1839年6月3日至25日，林则徐将收缴的20283箱（每箱60公斤）鸦片在广州虎门海滩当众销毁，万众欢腾、举世震惊的"虎

黄爵滋禁烟奏折（局部）

门销烟"拉开了中国人民在中国近代史上反抗侵略斗争的序幕。林则徐以凛凛正气名标史册,谥号"文正"。

道光二十年(1840),英国在美国、法国的支持下发动了侵华战争,史称"鸦片战争"。历时两年,中国战败。1842年8月29日,清廷钦差大臣耆英、伊里布与英国全权代表璞鼎查签订《南京条约》,共13款。主要内容为:一、中国向英国赔款2100万银圆;二、割让香港;三、开放广州、福州、厦门、宁波、上海等5处为通商口岸;四、中国抽收进出口货的税率由中英共同议定,不得随意变更。此外,条约还规定"凡系英国人在中国管辖各地方被禁者,准即释放。凡中国与英人有来往者,或跟随及伺候英国官行者,均免罪"。岂有此理!这等于公开宣示:英国侵略者和汉奸在中国的土地上可以胡作非为。

林则徐画像

生活在那个时代的、曾任云贵总督、翰林院编修的吴振棫叹曰:"雍正间……有潜来内地,妄称传教者,皆严绳以法。岁月既久,禁防稍疏。迨道光咸丰以来,传教者益纷纭,疆吏不敢过问矣。"

靳麟先生在《北京东交民巷杂记》中写道:"1840年鸦片战争以后,有的国家如英、俄、德、法,就在东交民巷里自设了使馆,不是公使的外国人,也随便来这里长住(清廷规定,凡外国使节来北京,其居留期限,不得超过40天),既不向清室的衙门去申请,清政府也不敢过问。这些外国人自认为这是外国侨民居住的地方,就把江米巷这个名称,擅自改为'侨民巷'。因为'侨'和'交'两个字音近似,北京人就把它叫成'交民巷'了。"这便是"东江米巷"成为"东交民巷"的由来。

帝国主义列强在鸦片战争中用炮舰打开了中国的门户,但侵略者的贪婪是永不满足的。为了扩大在华特权、攫取更大的利益,英国、法国在美国和俄国的支持下又发动了第二次鸦片战争。

咸丰四年(1854),英国、法国、美国在上海扩大租界和把持海关后,向清廷提出修改《南京条约》等要求,企图扩大侵略利益,未果。咸丰六年(1856),英国借口"亚罗号事件"进犯广州;次年,英法组成联军攻陷广州。咸丰八年(1858),英法舰队在俄国、美国的支持下攻陷大沽炮台,逼近天津。清廷派东阁大学士桂良、吏部尚书花沙纳为钦差大臣,赴天津谈判,与俄国、美国、英国、法国等代表签订《天津条约》。俄国趁火打劫,用武力迫使黑龙江将军奕山签订《瑷

恭亲王奕䜣(1833—1898)

珲条约》，割去中国黑龙江以北，外兴安岭以南60多万平方公里的土地。咸丰九年（1859），英国、法国、美国借口换约又率舰队进攻大沽口，受到重创。

英法联军贼心不死，卷土重来。1860年8月1日，英法联军在北塘登陆；24日，占领天津。清军退守张家湾、通州一线。9月9日，英法联军向通州推进。9月21日，八里桥失守，京东门户洞开。9月22日，咸丰皇帝"车驾北狩"、逃往热河，恭亲王奕䜣奉旨留京，督办和局。

第二次鸦片战争又以中国惨败告终。

英法联军所到之处烧杀抢掠。为了达到"给中国政府以直接的打击"这一政治目的，10月18日，英法联军在肆意劫掠圆明园的文物书画、奇珍异宝之后，出动三四千官兵有计划地放火焚

八里桥

咸丰十年（1860）

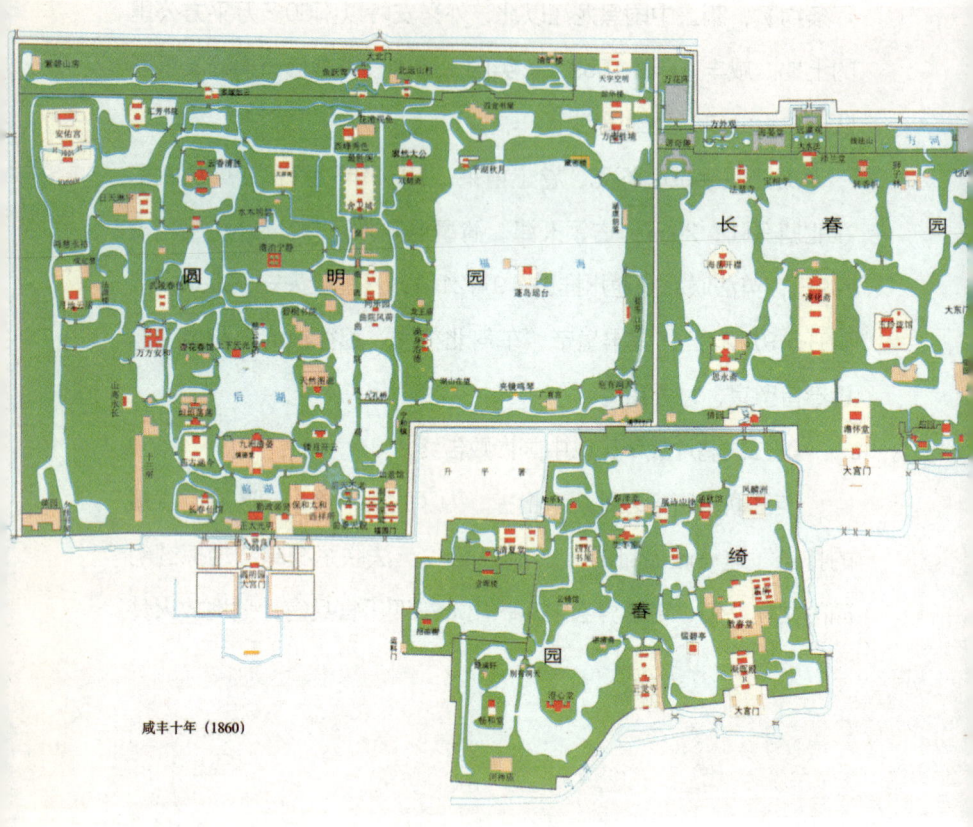

圆明园、长春园、绮春园示意图

烧圆明园、畅春园、清漪园、静明园、静宜园等，大火烧了三天三夜。

英法联军犯下的滔天的反人类罪行为正义的人们所不齿，当时就受到法国伟大作家雨果的痛斥。让我们重温雨果先生《致巴特雷上尉的信》吧！

致巴特雷上尉的信

　　先生，你征求我对远征中国的看法。你认为这次远征行动干得体面而漂亮。你如此重视我的想法，真是太客气了。在你看来，这次在维多利亚女王和拿破仑皇帝旗号下进行的远征中国的行动是法兰西和英格兰共享之荣耀。你希望知道我认为可在多大程度上对英法的这一胜利表示赞同。

　　既然你想知道，那么下面就是我的看法：

　　在地球的某个地方，曾经有一个世界奇迹，它的名字叫圆明园。艺术有两个原则：理念和梦幻。理念产生了西方艺术，梦幻产生了东方艺术。如同巴黛农是理念艺术的代表一样，圆明园是梦幻艺术的代表，它汇集了一个人民的几乎是超人类的想象力所创作的全部成果。与巴黛农不同的是，圆明园不但是一个绝无仅有、举世无双的杰作，而且堪称梦幻艺术之崇高典范——如果梦幻可以有典范的话。你可以去想象一个你无法用语言描绘的、仙境般的建筑，那就是圆明园。这梦幻奇景是用大理石、汉白玉、青铜和瓷器建成，雪松木做梁，以宝石点缀，用丝绸覆盖；祭台、闺房、城堡分布其中，诸神众鬼就位于内；彩釉熠熠，金碧生辉，在颇具诗人气质的能工巧匠创造出天方夜谭般的仙境之后，再加上花园、水池及水雾弥漫的喷泉，悠闲信步的天鹅、白鹮和孔雀。一言以蔽之：这是一个以宫殿、庙宇形式表现出的充满人类神奇幻想的、夺目耀眼的宝洞。这就是圆明园。它是靠两代人辛劳才问世的。这座宛如城市、跨世纪的建筑是为谁而建？是为世界人民。因为历史的结晶是属于全人类的。世界上的艺术家、诗人、哲学家都知道有个圆明园，伏尔泰现在还提起它。人们常说，希腊有巴黛农，埃及有金字塔，罗马有竞技场，巴黎有巴黎圣母院，东方有圆明园。尽管有人不曾见过它，但都梦想着它。这是一个震撼人心的、尚不被人熟知的杰作，就像在黄昏中，从欧洲文明的地平线上看到的遥远的亚洲文明的倩影。

这个奇迹现已不复存在。

一天，两个强盗走进了圆明园，一个掠夺，一个放火。可以说，胜利是偷盗者的胜利，两个胜利者一起彻底毁灭了圆明园。人们仿佛又看到了因将巴黛农拆运回英国而臭名远扬的埃尔金的名字。

当初在巴黛农所发生的事情又在圆明园重演了，而且这次干得更凶、更彻底，以致片瓦不留。我们所有的教堂的所有珍品加起来也抵不上这座神奇无比、光彩夺目的东方博物馆。那里不仅

圆明园大水法

圆明园西洋楼

有艺术珍品,而且还有数不胜数的金银财宝。多么伟大的功绩!多么丰硕的意外横财!这两个胜利者一个装满了口袋,另一个装满了钱柜,然后勾肩搭背,眉开眼笑地回到了欧洲。这就是两个强盗的故事。

我们欧洲人自认为是文明人,而在我们眼里,中国人是野蛮人,可这就是文明人对野蛮人的所作所为。

在历史面前,这两个强盗分别叫作法兰西和英格兰。但我要抗议,而且我感谢你给我提供了这样一个机会。统治者犯的罪行并不是被统治者的错,政府有时会成为强盗,但人民永远不会。

法兰西帝国将一半战利品装入了自己的腰包,而且现在还俨然以主人自居,炫耀从圆明园抢来的精美绝伦的古董。我希望有一

19世纪70年代的圆明园谐趣园主楼东侧面

查尔德于1877年拍摄的圆明园西洋楼（从照片中可以清楚看出，曾经美轮美奂的西洋楼已破败不堪）

天，法兰西能够脱胎换骨，洗心革面，将这不义之财归还给被抢掠的中国。

在此之前，我谨作证：发生了一场偷盗，作案者是两个强盗。

先生，这就是我对远征中国的赞美之辞。

维克多·雨果

1861年11月25日

于欧特维尔——豪斯

1870年的清漪园十七孔桥和铜牛

使馆的建立

咸丰十年八月二十九日（1860年10月13日），清军被迫交出安定门。英法联军在英国公使额尔金、法国公使葛罗的带领下从安定门进城，入城后英法公使分别驻在位于朝阳门内的怡王府和位于帅府园的贤良寺。英法联军占据北京城，城楼挂上英国和法国国旗，安设大、小火炮46门，炮口皆向城内，城门启闭由英法联军掌控。

火烧圆明园的余烟未消，英法公使通知奕䜣到英法联军驻地谈判签约，奕䜣不敢前往。俄国公使伊格那提也夫出面调停，将谈判地点设在礼部衙署，并保证奕䜣的人身安全。

10月24日，奕䜣与额尔金签订《中英北京条约》，共9款。除确认《中英天津条约》仍属有效外，又增加了新的条款：一、开放天津为商埠；二、准许英国招募华工出国；三、割让九龙司地方一区给英国；四、《中英天津条约》规定的赔款（400万两）增加到800万两白银。

10月25日，奕䜣与葛罗签订《中法北京条约》，共10款。除确认《中法天津条约》仍属有效外，又增加了新的条款：一、开放天津为商埠；二、准许法国招募华工出国；三、将以前充公的天主教产赔还（法方在中文约本上私自增加："并任法国传教士在各省租买田地,建造自便");四、《中法天津条约》规定的赔款(200万两)增加到800万两白银。

随后,俄国以调停人的身份逼迫利诱清廷与俄国签约。11月14日,奕䜣与伊格那提也夫签订《中俄北京条约》,共15款。主要内容为:一、将乌苏里江以东40万平方公里中国领土划归俄国;二、规定中俄西段疆界,自沙宾达巴哈起经斋桑淖尔、特穆尔图淖尔(今伊塞克湖)至浩罕边界,"顺山岭、大河之流及现在中国常驻卡伦等处"为界;三、开放喀什噶尔(今喀什市)为商埠;四、俄国在库伦(今蒙古国首都乌兰巴托)、喀什噶尔设立领事馆。

在第二次鸦片战争中,俄国通过《瑷珲条约》和《中俄北京条约》从中国获得了巨大利益,使中国失去了黑龙江以北、乌苏里江以东的100多万平方公里的领土。同治三年(1864),在塔城签订《中俄勘分西北界约记》。根据《中俄北京条约》关于中俄西段边界的原则规定,具体划定了中俄西段边界,将巴尔喀什湖以东、以南和斋桑淖尔南北44万多平方公里的中国领土又割让给俄国。

《中俄北京条约》签订不及一年,咸丰皇帝奕䜣便"崩于避暑山庄行殿寝宫",年仅31岁。也有一说,咸丰皇帝是服毒自杀身亡。总之,咸丰皇帝是让英法联军逼死的!

桂良、花沙纳与普提雅廷(俄国公使)签订《中俄天津条约》,其中有一条"嗣后两国不必由萨那特衙门及理藩院行文,由俄国总理事务大臣,或径行中国之军机大臣,或特派之大学士往来照会，均按平等"。原因是清廷只有为藩臣属国设立的理藩院，没有正式的外交机构。原来与俄国的交往全靠理藩院与萨那特衙门部门间的公文往来。《中俄天津条约》定此条款旨在提升两国的外交规格。

之后，英法联军攻入北京。英国公使额尔金致函恭亲王奕䜣，要求清廷建立一个主办外交的机构，以便与英、法等国设立的公使馆办理一切事务。

咸丰十年十二月初一（1861年1月20日），咸丰皇帝正式批准设立总理各国事务衙门，"命奕䜣、桂良及户部左侍郎文祥管理，并于内阁部院，军机处各司员，章京内满、汉各挑八员作为司员定额"。

总理各国事务衙门设在东堂子胡同旧铁钱局公所（今东堂子

总理各国事务衙门

胡同49号），此处原为大学士赛尚阿的宅邸。赛尚阿，字鹤汀，正蓝旗蒙古人，阿鲁特氏，官至尚书衔。咸丰元年（1851），被委以钦差大臣赴湖南、广西督师镇压太平军；次年，以"调度无方，号令不明，赏罚失当，以致劳师縻饷，日久无功"获罪，宅邸被籍没。咸丰四年（1854），清廷在京师已无铜铸钱，改铸铁钱，将此处改建为"铁钱局公所"。说来令人伤心，中国百姓都开始花"铁钱"了，可侵略者获取的所谓"赔款"却必须是白花花的雪花银。清廷财政捉襟见肘。因此，咸丰皇帝批准的奏折写道："此次总理衙门义取简易，查东堂子胡同旧有铁钱局公所，分设大堂满汉司造科房等处，尽足敷用，毋庸另构。唯大门尚系住宅旧式，外国人后来接见，若不改成衙门体制，恐不足壮观，且启轻视，拟仅将大门酌加修改，其余稍加整理，不

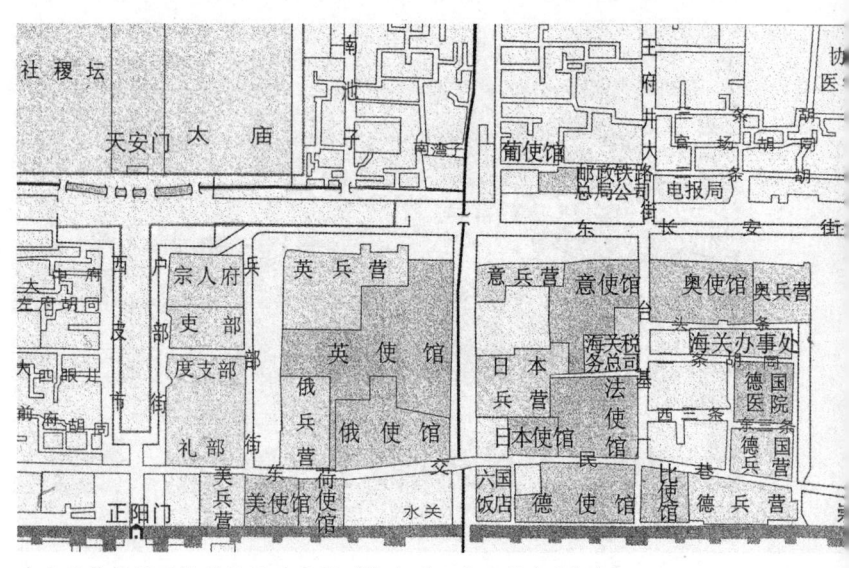

东交民巷使馆界使馆位置示意图（摘自《北京百科全书》）

必重行改修。"

尽管总理各国事务衙门的建立是被动的,但是,它却是中国近代外交活动的开端。

总理各国事务衙门设立后,英、法旋即要求在北京设立公使馆,强租"梁公府""庆公府"作为馆址;俄国也将"俄罗斯馆"改为公使馆。美国、德国紧随其后,也在东交民巷建立了公使馆。之后,比利时、西班牙、奥地利、日本、荷兰等国相继提出在北京建立公使馆的要求,获得清廷同意,其实清廷也不敢不同意。东交民巷渐次成为使馆集中的街区。

英国公使馆

咸丰十一年(1861)建馆。馆址位于御河(玉河)西岸(今东长安街14号),租用原梁公府。首任公使为普鲁斯。

法国公使馆

咸丰十一年(1861)建馆。馆址位于东交民巷路北(今东交民巷15

英国公使馆

法国公使馆

号），租用原庆公府（府主庆怡，是贝子博和托的后人；博和托是饶余郡王阿巴泰的第二子，该府始称"博贝子府"）。首任公使为布尔布隆。

俄国公使馆

咸丰十一年（1861）建馆。馆址位于东交民巷路北（今东交民巷27号，已拆除），由原"俄罗斯馆"改建而成。首任公使为巴留捷克。

美国公使馆

同治元年（1862）建馆。馆址位于东交民巷路南（今前门

德国公使馆内景——公使住宅和办公室

东大街23号），新建。首任公使为蒲安臣。

德国公使馆

同治元年（1862）建馆。馆址位于东交民巷路南洪昌胡同（今前门东大街3号，已拆除），新建。首任公使为列斐士。

比利时公使馆

同治四年（1865）建馆。馆址位于崇文门内大街路东（东单牌楼北），光绪二十七年（1901），迁至东交民巷路南（今崇文门西大街9号）。首任公使为金德俄固斯德。

西班牙公使馆

同治七年（1868）建馆。馆址位于东交民巷路北（今东交民巷25号）。首任公使为克维度。

意大利公使馆

同治八年（1869）建馆。馆址位于东交民巷东口路北，后移至台基厂北口路西（今台基厂大街1号），新建。首任公使为费三多。

奥地利公使馆

同治十年（1871）建馆。馆址位于台基厂北口路东（今台基厂头条3号），由原裕亲王府改建而成。首任公使为嘉理治。

日本公使馆

同治十一年（1872）建馆。馆址位于东四六条路北（今东四六条17号）；光绪十二年（1886）迁至东交民巷路北（今东交民巷21、23号），宣统元年（1909）迁至东河沿（今正义路2号）。首任公使为副岛。

荷兰公使馆

同治十二年（1873）建馆。馆址位于东交民巷路南（今前门东大街11号）。首任公使为费果荪。

为了适应西方各国通商的要求，总理各国事务衙门设总税务司。司署原在上海，前身是咸丰四年（1854）在上海由英国、美国、法国领事各指派一名税务司联合组成的海关管理委员会，咸丰九年（1859），英国人李泰国任总税务司。同治二年（1863），总税务司署迁至北京，在台基厂中段路西办公。总理各国事务衙门正式任命英国人赫德为总税务司。

赫德（1835—1911），英国人，字鹭宾。咸丰四年（1854）来中国，任驻宁波领事馆翻译，后调任广州海关副税务司。同治二年（1863）任中国海关总税务司，光绪三十四年（1908）请假回国，死后方卸职，掌控中国海关税务司署长达48年。

赫德（1835—1911）

中国海关长期由外国人把持，可悲也夫！

拳民的反抗

伴随着西方列强的武力侵略,众多的西方传教士涌入中国,一方面进行文化侵略,另一方面借机敛财。中国人民,尤其是广大的农民深受其害,反抗情绪也日益高涨。

冯玉祥将军在《光绪二十六年》一文中写道:"那些教士们由于他们本国政治上经济上地位的优越,在中国社会上形成一种特权阶层。我国人民一旦受洗之后,借着外人的势力,便也趾高气扬,在地方上作威作福,任意生事。地方官因为外人的牵掣,无法与之干涉,人民也敢怒不敢言。于是外国教士益发乐于在背后支持,希望由此多吸引教徒,扩张教会势力。这样一来,教徒的气焰越高涨,人民对教会的恶感越深,仇恨的观念一天天加强,一发遂不可收拾。"

冯玉祥(1882—1947)

那么,外国传教士嚣张到什么程度呢?清廷又软弱到什么程度呢?中国人民又愤怒到什么程度呢?"天津教案"便是一例。

第二次鸦片战争后,法国天主教传教士在天津望海楼设立教堂，吸收恶棍入教，拐骗人口，抢占民地，激起民愤。同治九年（1870）五月，天津民众因育婴堂虐死婴儿数十名到教堂说理。法国领事丰大业会见北洋通商大臣崇厚，竟公然开枪恫吓，又在路上向天津知县刘杰开枪，击伤随从。怒不可遏的民众遂将丰大业打死，并焚烧了法国、英国、美国教堂和法国领事馆。事件发生后，英国、法国、美国等国军舰集结在天津、烟台逞威。清廷派直隶总督曾国藩查办，曾国藩奏调李鸿章协同办理。结果是：崇厚赴法国道歉，天津知府张光藻和知县刘杰革职充军，涉案民众15人被杀、21人充军，并赔款修建教堂。

曾国藩办理"天津教案"残民媚外，受到舆论谴责，却为朝廷赏识。同年十月，曾国藩60寿辰，同治皇帝御赐"勋高柱石"匾额。

当时社会上有一句流行语：百姓怕官，官怕洋人，洋人怕百

天津望海楼教堂

姓。毕竟洋人还有一怕。

光绪二十六年（1900）二月，义和团在于谦祠（崇文门内裱褙胡同）设立北京内城第一个坛口，义和团运动波及北京。

三月初七（4月6日），英国、美国、法国公使照会清廷，限两个月剿除义和团，否则将派水陆各军驰入直鲁两省代为剿平。三月十三日（4月12日），英国、意大利、美国、法国等国6艘军舰驰抵大沽口外；两天后，《京报》公布光绪皇帝上谕，令直隶总督裕禄取缔义和团，正式声明"剿除拳匪"。

曾国藩画像

四月二十二日（5月20日），列强公使团在东交民巷召开会议，强烈要求清廷镇压义和团；第二天，公使团首席公使、西班牙公使葛络干向清廷提交照会。四月三十日（5月28日），列强公使团再次召开会议，提出调兵来北京；葛络干照会清廷，要求清廷为调兵进京"提供运输便利"。五月初三、初七（5月31日、6月3日），英国、俄国、美国、法国、日本、意大利、德国、奥匈帝国八国军队500多人先后两批到达北京，其中第一批于5月31日晚7时到达。直隶总督裕禄电报报告第一批入京的外国军队"计英国兵官3员、兵72名，美国兵官7员、兵56名，意国兵官3员、兵39名,日本兵官2员、兵24名,法国兵官3员、兵72名,俄国兵官4员、兵71名,共计各国兵官22员、兵334名,均随带枪械"。

八国联军先头部队入京后,以"保护使馆"为名,行镇压义和团之实。五月十一日(6月7日),各国公使接到其政府"便宜行事"的指令,更加肆无忌惮。五月十四日(6月10日),以英国海军中将西摩尔为统帅的八国联军2200多人从天津进犯北京,途中被义和团击败,退回天津。

此时,清廷对义和团开始实行"招抚"政策,而列强公使团则指挥八国联军先头部队公然枪杀义和团团民。五月十七日(6月13日),德国公使克林德下令扣押路过德国公使馆前的团民并残酷地将他们杀害。当日傍晚,意大利士兵射杀从意大利公使馆前路过的团民数十人,奥地利士兵炮轰王府井大街,法国士兵则见街头有中国人便开枪射击。五月十八日(6月14日),克林德在城墙上见义和团团民练武,令德国士兵开枪,当场打死团民20多人;比利时公使姚士登指挥比利时士兵在东单北大街射杀团民数十人。五月十九日(6月15日),美军在王府

义和团旗帜

义和团团民

井大街东侧的帅府园杀死团民45人。列强还把东交民巷圈定为使馆防区，不准中国军民往来。宣称："往来军民，切勿过境，如有不遵，枪毙尔命。"气焰何等嚣张！

与此同时，义和团焚烧教堂、洋房，把"反教""反洋"运动推向高潮，并把东交民巷改名为"切洋鸡鸣街"，简称"鸡鸣街"。据说这个街名是根据《推背图》中"金鸡啼后鬼生愁"这句话起的，反映出义和团对侵略者的诅咒。

五月二十四日（6月20日），德国公使克林德前往总理各国事务衙门，行至东单头条东口，向清军巡哨士兵开枪寻衅被当场击毙。翌日，清廷向列强宣战。《诏书》说："朕今涕泣以告先庙，慷慨以誓师徒，与其苟且图存，贻羞万古，孰若大张挞伐，

英国、美国海军陆战队员在英国使馆门前摆弄"国际炮"

俄军在东交民巷的街垒

一决雌雄。连日召见大小臣工,询谋佥同。近畿及山东等省义兵,同日不期而集者不下数十万人,下至五尺童子,亦能执干戈以卫社稷。彼仗悍力,我恃人心。无论我国忠信甲胄,礼义干橹,人人敢死,即土地广有二十余省,人民多至四百余兆,何难翦彼凶焰,张我国威。"

义和团运动期间奥地利公使馆受重创

清军包围东交民巷

　　自此，义和团奉命与清军围攻使馆。在从五月二十五日（6月21日）至七月二十日（8月14日）前后56天时打时停的围困战中，义和团完全处在清廷的利用、控制之下，付出了惨重的代价。八国联军攻陷北京，慈禧在西逃途中颁布"剿匪"谕旨。

　　义和团被清廷出卖了。

　　让我们听听五四运动的总司令、中国共产党的创始人陈独秀对义和团运动的评价吧：

　　义和团，在中国现代史上是一个重要事件，其重要不减于辛亥革命，然而一般人不但忽略了它的重要，并且对它怀着两个错误的观念：

　　第一个错误观念：憎恶义和团是野蛮的排外。他们只看见义和团排外，看不见义和团排外所发生之原因——鸦片战争以来全中国所受外国军队、外交官、教士之欺压的血腥与怨气！他们只看见义和团杀死德公使及日本书记官，看不见英人将广东总督叶名琛捉到印度害死，并装入玻璃器内游行示众！他们只看见义和团损害了一些外人的生命财产,看不见帝国主义军事的商业的侵略损害了中国人无数生命财产!他们只看见义和团杀人放火的凶暴,看不见帝国主义者强卖鸦片烟、焚毁圆明园、强占胶州湾等更大的凶暴!他们自夸文明有遵守条约及保护外人生命财产的信义;他们忘了所有条约都是帝国主义者控制中国人之奴券(最明显的是关税协定及领事裁判权),所有在华外人(军警、外交官、商人、教士)都是屠戮中国人之刽子手,所有在华外人财产都是中国人血汗之结晶!他们指责义和团号召扶清灭洋及依托神权是顽旧迷信,他们忘了今日的中国仍旧是宗法道德、封建政治及神权这三样东方的精神文化支配着!义和团诚然不免顽旧迷信而且野蛮,然而全世界(中国当然也在其内)都还在顽旧迷信野蛮的状态中,何能独责义和团,更何能独责含有民族反抗意义的义和团!与其憎恶当年排外的义和团野蛮,我们不如憎恶现在媚外的

清政府在菜市口斩杀义和团团民

军阀、官僚、奸商、大学教授、新闻记者之文明!

第二个错误观念：以为义和团事件是少数人之罪恶，列强不应因少数人之故惩罚全中国人民以巨额负担。他们不曾统观列强侵略中国，是对全民族的，不是对少数人的，剧烈的列强侵略，激起了剧烈的义和团反抗，这种反抗也是代表全民族的意识与利益，绝不是出于少数人之偶然的举动。即或义和团当中及纵容义和团之贵族夹有思想上、政治上争执的动机或其他更卑劣的动机，而群众之附和义和团，则由于外力尤其是教会压迫的反应，可以说毫无疑义。义和团事件，无论是功是罪，都是全民族之责任，不当推在义和团少数人身上。全民族都在外人压迫之下，若真只有少数人、义和团不甘屈服，那更是全民族无上的耻辱了!若因为参加义和团运动者为全民中之少数，则参加辛亥革命与五四运动者，也是全民中之少数，我们绝不能只据实际参加者之数量，便否认其实质上代表全民族的意识与利益。文明的绅士学者们，说义和团事件是少数人之罪恶，说列强不应该惩罚到义和团以外的人，不啻是向列强跪着说：我们是文明人，我们不曾反抗汝们，惩罚少数的义和团，不应该皂白不分连累到我们大多数安分屈服的良民。情形如果是这样，还幸亏有野蛮的义和团少数人，保全了中国民族史上一部分荣誉!

义和团的野蛮，义和团的顽旧与迷信，义和团的恐怖空气，我都亲身经验过。我读八十年中国的外交史、商业史，终于不能否认义和团事件是中国民族革命史上悲壮的序幕!

清廷的无能

诚如陈独秀所说:"终于不能否认义和团事件是中国民族革命史上悲壮的序幕。"序幕的主角自然是义和团的成员,但清军将士的英勇也令史册生辉。

王懿荣(1845—1900)

字正儒、一字廉生,山东福山人。近代金石学家,甲骨文的发现者,曾"以词臣供奉南书房";光绪二十五年(1899),以侍郎衔任国子监祭酒。光绪二十六年(1900),义和团运动兴起,王懿荣任京师团练大臣,会同五城御史督率兵勇稽查巡逻。八国联军入侵北京之时,王懿荣督守东便门。七月二十日(8月14日),八国联军向北京城发起攻击,东便门首当其冲,受到俄军、美军的攻击。

东便门失守后,王懿荣急忙返回家中(今锡拉胡同21号),对家人说:"吾义不苟生!"题绝命词于壁上:"主忧臣辱,主

辱臣死，于止知其所止，此为近之。京师团练大臣国子监祭酒南书房翰林王懿荣。"书毕吞金自尽，未死；遂投井身亡。其妻谢氏见此情景，率长媳张氏亦投井赴死。可谓"满门忠烈"。

恩海（1876—1900）

满洲正白旗神机营章京。光绪二十六年五月二十四日（1900年6月20日），克林德从德国使馆乘轿前往总理各国事务衙门。行至东单头条东口，向清军巡哨士兵开枪寻衅；恩海挥枪还击，克林德当场毙命。

八国联军攻陷北京后，组成所谓的"法庭"对恩海进行审讯。恩海神情自若，侃侃而谈，国人为之动容，外人为之惊叹。《金启孮谈北京的满族》录英国人濮兰德所著《慈禧外记》中一段，抄录如下：

审问时，恩海神宇镇定，毫无畏惧。问官问曰："德国公使是否为汝所杀？"恩海答曰："我奉长官命令遇外国人即杀之。我本一兵，只知服从长官兵令……但我因杀国仇而死，心中甚乐，汝等即杀予以偿命可也。"翻译又问曰："你那天是否醉了？"恩海笑答曰："酒乃最好之物，我平常每次可饮四五斤。但那天实未饮一杯。你怕我要倚酒希图减罪吗？"

恩海真一忠勇之人，侃侃不惧，观者皆为动容，觉中国军中尚有英雄也。

鼓楼烈士

姓名等个人信息无考。《金启孮谈北京的满族》①一书有其事迹：

鼓楼烈士的称号是民国以后报纸上给予肯定的称呼。烈士已失其真实姓名。他是荣禄率下武卫军的战士。庚子，八国联军之役，敌军先破朝阳门，继而占领鼓楼，攻地安门，敌军欲上鼓楼楼上瞭望我军布阵。派上一人，久无回报，又派上一人，仍无回报，连派至四五人仍无回报。敌军队长焦急，亲率数兵上楼侦察。始见先派上之兵，都被砍死在楼门附近。敌军大惊，慌张搜索之际，只听大喊杀声，从楼上所悬之鼓后跳出一中国士兵，手起刀落又砍伤一敌兵。敌兵以刺刀挺进，与该兵肉搏，并开枪射击，中国兵中弹后仍奋力杀敌，刀中鼓面，划破一长形裂缝，然

最早的钟鼓楼照片（1860）

鼓楼（1910）

---

① 金启孮：《金启孮谈北京的满族》，北京：中华书局，2009年9月版，第92页。

后英勇牺牲。

金启琮说:"民国十四五年,北京鼓楼辟为博物馆,楼上鼓面刀痕宛然。北京故老泣涕为游人述说烈士事迹。当时小报曾予转载,然亦未曾蒙史学家之注意。"

光绪二十六年七月二十一日(1900年8月15日),慈禧太后与光绪皇帝仓皇出逃,北京内城的义和团和清军仍然进行殊死抵抗,与八国联军展开巷战,但未能挽回败局。梁启超先生说:"初,今上皇帝既以新政忤太后,八月之变,六贤被害,群小竟兴,而康有为亡英伦,梁启超走日本。盈廷顽固党,本已疾外人如仇矣,又不知公法,以为外国将挟康梁以谋己也。于是怨毒益甚,而北方人民,自天津教案至胶州割据以来,愤懑不平之气,蓄之已久,于是假狐鸣篝火之术,乘间而起。顽固党以为可借以达我目的也,利而用之。故义和团实政府与民间之合体也,而其所向之鹄各异:民间全出于公,愚而无谋,君子怜之;政府全出于私,悖而不道,普天嫉之。"①

清廷的无能恰恰因为"政府全出于私,悖而不道"。

慈禧太后(1835—1908)

---

① 梁启超著:《李鸿章传》,湖南:湘潭大学出版社,2011年4月版,第102页。

京师的惨痛

光绪二十六年闰八月十八日（1900年10月11日），李鸿章抵京；二十日，电告盛宣怀、张之洞："都中蹂躏不堪，除宫殿外，无一免者。"

八国联军统帅瓦德西在给德皇的报告中称："所有中国此次所受毁损及抢劫之损失，其详数将永远不能查出，但为数必极重大无疑。""又因抢劫时所发生之强奸妇女，残忍行为，随意杀人，无故放火，为数极属不少，亦为增加居民痛苦之原因。"

七月二十二日（8月16日）晚，内城各段落入敌手，北京沦陷。八国联军对北京进行瓜分：外城以前门大街为界，以东归英军管辖，以西归美军管辖。内城前门内的大清门以东至东单牌楼归英军管辖，以

英军攻入京城水关

西至西单牌楼归美军管辖；崇文门以东归法军管辖；宣武门以西归英军管辖；东单牌楼至东四牌楼归俄军管辖；东四牌楼以北归日军管辖；西单牌楼至西四牌楼归法军管辖。皇城东华门外为意军管辖，西华门外归法军管辖。联军统帅瓦德西率两万德军，统帅部先设于天坛，后移至中南海。"在各国军管地区内之商店住户，均须在门前张挂该管辖国国旗。例如：东直门至西直门迤北地区内，均悬挂日本太阳旗，并在旗上大书'大日本帝国顺民'字样。早晚扫街、泼水各两次，稍有违纪，即遭毒打。入夜，各户门前点燃灯笼一个。洋人向中国商店、住户赊买需索，视成寻常。未及逃亡之王公、大臣、贝勒，被洋人入府抓去，勒令抬粪、运尸、遛马或作其他劳役者，颇不乏人"[1]。

据《庚子记事》载，北京"破城之日，洋兵杀人无算"，联军以搜捕义和团为名疯狂地杀人放火，在焚烧庄亲王府时便当场烧死1700多人。

八国联军进城后特许军队公开抢劫3日。外国传教士也脱去"洋袈裟"，换上军装参与抢劫。例如：天主教北京大主教樊国梁抢劫白银20多万两。

在八国联军洗劫中，天坛丢失祭器1148件，社稷坛丢失祭器168件、嵩祝寺丢失镀金佛13尊、瓷瓶12对、镀金器物40件、银器7件、铜器4300件、锡器58堂件、幢幡70堂首、锦缎绣品1400余件、竹木器110余堂份、墨刻珍品1600余轴、乐器100余件。

---

[1] 方建文、张鸣主编：《百年春秋——二十世纪大事名人自述》，北京：经济日报出版社，1997年8月版，第7页。

受辱的东江米巷 / 99

日军进入东直门

美军在午门外列队

遭八国联军炮击后的正阳门

八国联军侵入北京，英军劫掠銮驾库

六部九卿等衙署俱被各国军队占为营房，疯狂洗劫。銮驾库丢失辇驾21乘、銮驾1373件、车轿12件、玉宝2件、皇妃仪仗282件、皇嫔彩仗84件、新旧云盘伞各1件、锦缎旗面133件、象牙9只、象鞍2盘、战鼓2面、更钟2驾、静鞭2件以及随什物若干。

翰林院丢失数万册经史典籍，《永乐大典》又失去307册；钱法堂的数万串新铸铜钱、大堂寺的金银祭器、光禄寺的金银餐具均被洗劫一空。

日军从户部银库抢走300万两白银和无数绫罗锦缎，从内务府抢走32万石仓米和全部库银。仅各处库款所失约计白银6000万两，其他典章文物、国宝奇珍的价值难以估算。

各王公府第也是被洗劫的重点对象。法军从礼王府抢走白银200余万两和无数古玩珍宝，又从立山家抢走365串朝珠和约值300万两白银的古玩。日军从宝鋆家抢走藏在井中的30万两白银。桂公府、崇礼宅第均被作为联军兵营，存在崇礼宅第的70万两"四大恒"的白银不知去向……

据内务府奏报："皇宫失去宝物两千余件，内有碧玉弹二十四颗、四库藏书四万七千五百零六本、金时辰钟两具、李廷圭墨一台、琬廷六屏四扇、玉马一匹、《法逆玺印》一本、真墨晶珠一串。"

在八国联军洗劫中，北京居民、商号、店铺遭受的损失根本无法统计。所以，瓦德西在给德皇的报告中也不得不承认"所有中国此次所受损毁及抢劫之损失，其详数将永远不能查出，但为数必极重大无疑"。

八国联军特许军队公开抢劫3天。其实，强盗们对北京的洗劫何止3天！

他们将便于携带的金银珠宝、古玩字画尽入囊中后，眼睛又盯上了固定在建筑物上的珍宝。

瓦德西见到安放在观象台（位于今建国门立交桥西南角，全国重点文物保护单位）上的天文仪器惊叹道："这些天文仪器有极高的艺术价值，它们的造型和各台仪器上的龙形装饰都极为完美。"决定将这些天文仪器拆运回德国。法军统帅伏依隆则认为应该拆运回法国，理由是这些仪器在制造过程中曾得到过法国传教士的帮助。分赃的结果：德国以观象台位于德国管理区为由，得到了天体仪、纪限仪、玑衡抚辰仪、地平经仪和浑仪；法国得到了地平经纬仪、黄道经纬仪、赤道经纬仪和简仪。

德国士兵在天文台上看守即将被拆卸的天体仪

光绪二十六年十月十一日（1900年12月2日），德国、法国在光天化日之下将观象台上的天文仪器拆散、装箱，运至其公使馆。不久，法国归还了仪器；德国则将仪器运回德国，安装在德皇威廉二世的皇家花园里，直到第一次世界大战结束后才归还中国。

日军将北海万佛楼中的1万尊金佛以及阐福寺等处的大小铜佛劫掠一空，其中一尊人体大小的"地藏王"佛像"拟以车马曳

受辱的东江米巷 / 103

天体仪球体已被包裹好准备运走

德皇威廉二世把地平经仪等天文仪器安放在皇家花园的草坪上

正在拆卸中的天体仪

之东驶。甫抵东直门,不能前进。乃至雍和宫,于此建亭以为纪念"①。亭建在丈余高的假山上,位于雍和宫东牌楼内南侧,佛像面东。亭与假山今已不存。

七七事变后,北平沦陷。日伪当局将此亭称"招魂亭",说是为八国联军进攻北京时被击毙的日军所建。有一个叫中野江汉的日本人写了一本书,叫《北京繁昌记》。他在书中造谣:"……其东南隅,即石制之高塔,镇坐其上者为释迦像,系矿金所作。义和团事变,为战死者之供奉,由日本军警衙门进呈者也。其像系在日本京都铸造,日本佛像之运入中国者,恐只此一像。"

雍和宫东牌楼

---

① 金梁编纂:《雍和宫志略》,北京:中国藏学出版社,1994年11月版,第156页。

明明是抢来的赃物,却说是日本京都铸造。说明,日本为军国主义"招魂"而篡改历史绝非自今日始。

警惕呀,善良的人们。

蒙羞的东交民巷

长安门外御河桥,
轿马纷驰事早朝。
不料皇居冠盖地,
炮台高筑欲凌霄。

控制清廷的桥头堡

《辛丑条约》第七款规定:"大清国国家允定各国使馆境界以为专与住用之处,并独由使馆管理。中国民人,概不准在界内居住。亦可自行防守。使馆界线于附件之图上标明如后(附件十四):东面之线,系崇文门大街,图上十、十一、十二等字;北面图上系五、六、七、八、九、十等字之线;西面图上系一、二、三、四、五等字之线;南面图上系十二、一等字之线,此线循城墙南址随城垛而画。按照西历一千九百零一年正月十六日即中历上年十一月二十六日文内后附之条,中国国家应允诸国分应自主,常留兵队分保使馆。"

"使馆界"四至:东起崇文门大街(今崇文门内大街),西至兵部街和棋盘街;北起东长安街,南至崇文门至正阳门城

东交民巷的外国驻军在操练

根（今崇文门西大街和前门东大街）。面积75万平方米。"使馆界"被列强视为自己的领土，"中国民人，概不准在界内居住"，界内衙署和府邸也要迁出，甚至连清廷祭天的堂子也不能在界内保留。对此，慈禧太后虽抱怨奕劻和李鸿章"两全权但知责难于君父，不肯向各使据情据理力与争辩"，但还是"照允"，将堂子移至东长安街路北（今贵宾楼饭店所在地），堂子旧址被圈入意大利使馆内。

各国纷纷扩建使馆。例如：日本使馆借机占据肃亲王府；英国使馆在原来的基础上将翰林院、銮驾库、兵部衙署、工部衙署扩入其中；俄罗斯使馆在原来的基础上将太医院、钦天监、鸿胪寺、骚达子馆并入。既然，《辛丑条约》有"中国国家应允诸国分应自守，常留兵队分保使馆"的规定；那么，各国使馆便均附带建有兵营。此外，界内还建设了银行、邮局、医院、饭店、洋行等设施。

贵宾楼饭店

大概强盗们也有思乡之情。不但界内的建筑物体现了各国的建筑风格，就连一些街道也被改成"洋名"。例如：东交民巷改为"使馆大街"，兵部街改为"李尼微支路"，西河沿（今正义路）改为"英国街"，东河沿（今正义路）改为"明治路"，台基厂（今台基厂大街）改为"马可·波罗路"，洪昌胡同（今台基厂大街南段）改为"南怀仁路"，台基厂头条胡同（今台基厂头条）改为"赫德路"，台基厂二条胡同（今台基厂二条）改为"俱乐部路"，台基厂三条胡同（今台基厂三条）改为"拉布司路"等；甚至与"使馆界"相近的一些街道也被冠以"洋名"，例如：称今东单北大街为"克林德路"，称东长安街为"意大利路"，等等。

"使馆界"四周围以高墙：南墙利用北京内城的南城垣，东、西、北三面建高6米的界墙，墙上砌有雉堞和射击孔，相隔一定距离砌有红漆钢顶炮台。围墙建有8座碉堡并带有铁门，为"使馆界"入口。8座碉堡的具体位置：崇文门西城根（今崇文门西大街）东口1座，前门东城根（今前门东大街）西口1座，东交民巷东口、西口各1座，台基厂（今台基厂大街）北口1座，东河沿北口（今正义路北口东侧）1座，西河沿北口（今正义路北口西侧）1座，兵部街中段（今新大路西口）1座。

"使馆界"宛如一座戒备森严的军事堡垒，虎视眈眈地盯着紫禁城，清廷的一举一动都在他们的视野之中。

"清人仲芳在《庚子记事》中说：'东交民巷一带，东至崇文门大街，西至棋盘街，南至城墙，北至东单头巷，遵照所订

建设中的美国使馆西兵营

条约,俱划归洋人地界,不许华人在附近地区住居。各国修盖兵房、使馆,四周修筑炮台,而我国若许衙署、民房,皆被占去拆毁矣。'富察敦崇在《都门纪变》中的'御河桥'一诗中,对此也深表愤慨:'长安门外御河桥,轿马纷驰事早朝。不料皇居冠盖地,炮台高筑欲凌霄。'"[1]

在八国联军的攻击下,以慈禧太后为代表的清政府彻底屈服了,清廷成为帝国主义列强统治中国人民的工具,清政府完全成为"洋人的朝廷"。在《辛丑条约》签订前,清廷就开始落实条约大纲所列条款,以示俯首帖耳。

光绪二十七年四月二十三日(1901年6月9日),清廷派醇亲王载沣为专使赴德国"谢罪";五月初三(6月18日),派户部

---

[1] 中国人民政治协商会议北京市委员会文史资料研究委员会编:《文史资料选编》(第四十二辑),北京:北京出版社,1992年1月版,第232页。

侍郎那桐赴日本"谢罪";五月初十(6月25日),克林德碑动工修建。经过1年零7个月工程完工,碑为石质,采用中国传统的4柱3间7楼式牌坊形制,宽4丈7尺,高2丈,横跨崇文门大街(今东单北大街),横额用汉语、德语、拉丁语3种文字镌刻光绪皇帝的《惋惜凶事之旨》。京师坊间称"石牌坊"。

德国公使克林德

《辛丑条约》签订后,慈禧太后得以自西安起驾回京。

慈禧太后到京之日,"专车下午三时开入马家堡车站。京中王公大臣暨文武大小官吏,均到车站跪接'圣驾'。各国男女,为欲见垂帘听政有年之中国皇太后及政权旁落、一如监犯之中国大皇帝,咸麇集车站;见两宫出站,即蜂拥向前,秩序紊乱,毫无礼貌可言。且有持摄影机照相者,此举在当时可谓'大不敬'。慈禧亦无如之何,可见当时清廷之威信及外人对中国元首之藐视矣"[①]。

慈禧太后回京10天后,举行克林德碑落成典礼,醇亲王载沣代表清廷致祭;回京20天后,慈禧太后第一次公开接待外国使节,时在1903年1月28日。"召见从头至尾是在格外多礼、格外庄严和给予外国代表以前所未有的更大敬意的情形下进行的"。

[①] 方建文、张鸣主编:《百年春秋——二十世纪大事名人自述》,北京:经济日报出版社,1997年8月版,第10页。

1903年1月18日，清朝官员及八国联军在东单路口为克林德碑举行落成典礼，清政府命醇亲王载沣前往致祭

同时她又接待"外交团中的各位夫人"，"在问候这些夫人的时候，表示出极大的同情，并且一边和她们说话，一边流泪"。此后，"她惕于外人之威，凡所要求，曲意徇之；各国公使夫人，得不时入宫欢会，间或与闻内政"。

"量中华之物力，结与国之欢心"成为慈禧太后的执政理念。尽管如此，帝国主义列强仍然需要一个控制清廷的桥头堡。在他们眼里，清廷代表人物的变换，乃至将来中国政权的更替，不过是他们手中工具的变化而已，他们妄图永远在中国当"太上皇"。

拿破仑说，那里躺着一个沉睡的巨人。让他睡去吧！因为他一旦醒来，就将震惊世界。

列强担心呀，担心中国觉醒。

阴谋决策的参谋部

住在东交民巷的各国公使不仅盯着清廷的一举一动,而且关注着中国政局的走向,为其政府出谋划策。支持袁世凯便是他们的阴谋之一。

宣统三年八月十九日(1911年10月10日),武昌起义爆发。清廷举朝震惊,遂重新起用袁世凯。作为北洋军阀首领的袁世凯,一方面集中武力给予南方首义地区以打击,迫使南方革命势力让步;另一方面向清廷显示军事实力,迫使清廷赋予他更大的权力。来新夏先生说:"袁世凯要在清廷和革命势力之间政治赌博,最需要的外力是列强的支持。在双方激烈交战之时,各国领事馆便时有议和传言……由武昌起义而在全国范围内爆发的革命浪潮已使封建王朝处于大厦将倾之势,使各国甚至认为'所有一切武力行为,以期恢复旧观,断无可望',逐渐由扶持清廷转而看好拥有军事实力的袁世凯。"[①]

当袁世凯在取得军事优势的前提下做出和谈的姿态后,英国公使朱尔典积极联络北京各国使团出面斡旋停战。12月1日,英国驻汉口代理领事葛福按照朱尔典的电示,到武昌洪山总司令部

[①] 来新夏等著:《北洋军阀史》,上海:东方出版中心,2011年5月版,第195页。

说明已同清廷商议的条件后,与革命军达成停战协议。12月17日,"南北和谈"开始,南方总代表为由十一省军政府公举的伍廷芳,北方总代表为袁世凯委派的唐绍仪。"南北和谈"结果:清帝退位,孙中山辞职,推举袁世凯为临时大总统。袁世凯尽收渔利。

1912年2月12日,清室颁发退位诏书,诏曰:"今全国人民心理,多倾向共和。南中各省既倡议于前,北方诸将亦主张于后。人心所向,天命可知。予亦何忍因一姓之尊荣,拂兆民之好恶。是用外观大势,内审舆情,特率皇帝,将统治权公诸全国,定为共和立宪国体。近慰海内厌乱望治之心,远协古圣天下为公之义。袁世凯前经资政院选举为总理大臣,当兹新旧代谢之际,宜有南北统一之方。即由袁世凯以全权组织临时共和政府与民军协商统一办法。总期人民安堵,海宇乂安,仍合满汉蒙回藏五族

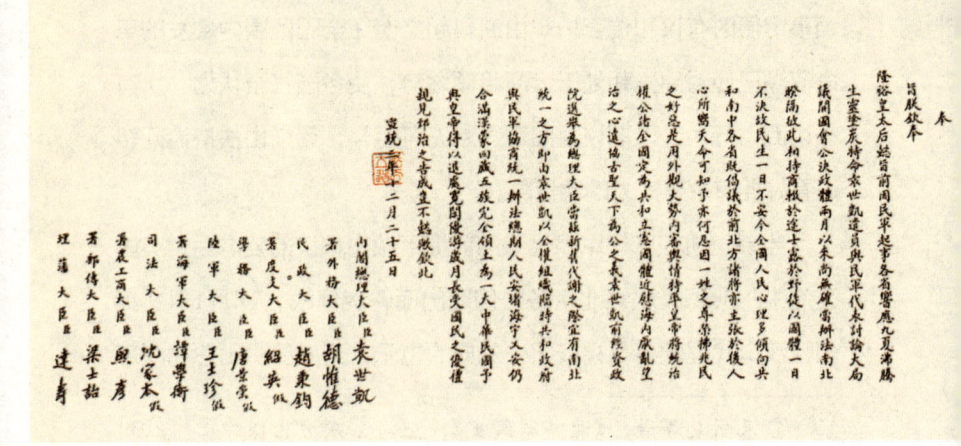

清帝逊位诏书

完全领土，为一大中华民国。"13日，孙中山向南京参议院提出辞职，并在推荐袁世凯的咨文中说："此次清帝逊位，南北统一，袁君之力实多，发表政见，更为绝对赞同，举为公仆，必能尽忠民国。"15日，参议院举行临时大总统选举会，与会的十七省议员，每省一票，一致选举袁世凯为临时大总统。

袁世凯摇身一变，由清廷的总理大臣变为中华民国临时政府的大总统。

中华民国临时政府的大总统，袁世凯理应到南京就职，但他要在北京就职，引出"迁都"之争。于是，袁世凯自编自导了"北京兵变"：2月29日晚8时，袁世凯的亲信部队——北洋陆军第三镇在北京发生兵变，北京城内多处遭到浩劫，"变兵不仅抢掠，而且在东安市场一带纵火，灯市口以南，金鱼胡同以北，锡拉胡同、乃兹府附近受创最烈"。3月2日，各国公使在东交

1912年北京兵变期间被烧毁的街道

民巷举行外交团会议,做出武装干涉决议,并扬言"况此无政府现象,尤非袁不能挽回也"。对于列强的支持,袁世凯给予积极回应,向各国公使发出密函,"力陈此次兵变,绝无政治与国际上之关系,只有承认继续满清缔结各约之保护"。在列强的干预下,以孙中山为代表的南方革命势力也只能就范。

3月10日下午3时,袁世凯在石大人胡同前清外务部公署就任中华民国临时大总统。

俗话说,"窃钩者贼,窃国者侯",可袁世凯在历史上的定位却是"窃国大盗"。

且看另一个阴谋:日本利用袁世凯复辟帝制,提出旨在灭亡中国的"二十一条"。

袁世凯在列强的支持下,当上了临时大总统,1913年10月10日又就任中华民国大总统;但是,袁世凯仍不满足,他要复辟帝制,当中华帝国的皇帝。对此,列强本来是支持的。英国公使

袁世凯任临时大总统

朱尔典在与袁世凯的一次密谈中表示，他和美国公使柔克义、嘉乐恒都主张中国实行君主立宪的意见。在袁世凯的政治顾问、帝制策划者中就有美国人古德诺（1859—1939，法学博士、哥伦比亚大学教授）和日本人有贺长雄（1860—1921，日本首相大隈重信的亲信、东京帝国大学法学教授）。

第一次世界大战爆发后，西方列强无暇东顾。日本借向德国宣战之机出兵占领山东，并妄图吞并中国。1915年1月18日，日本驻华公使日置益晋见袁世凯，以违背外交惯例的手段，径自向袁世凯面交旨在灭亡中国的"二十一条"。"二十一条"共分五号二十一条，主要内容：

一、承认日本继承德国在山东享有的一切权利，并加以扩大；二、延长旅顺、大连的租借期限及南满、安奉两铁路的期限为九十九年，并承认日本在"南满"及东部内蒙古的特权；三、汉冶萍公司改为中日合办，附近矿山不准公司以外的人开采；四、中国沿海港湾、岛屿不得租借或割让给他国；五、中国政府须聘用日本人为政治、财政、军事顾问，中国警政及兵工厂由中日合办，日本在武昌与九江、南昌间及南昌与杭州、潮州间有修筑铁路权。

"二十一条"将日本妄图吞并中国的狼子野心暴露无遗。日置益向袁世凯施以恫吓和利诱，暗示可以作为其"称帝"的交换条件。5月7日，日本政府令驻华公使向中国外交部提出最后通牒，限48小时内给予满意答复。"5月9日午前，以袁世凯为首的北京政府，不敢也不能抵抗地屈服了——除第五号中各条言日后

"二十一条"签字现场

协商外,其余完全依照日本政府的意旨予以承认"①。

"二十一条"签订后,受到全国人民的强烈反对。全国各地掀起排斥日货、反对卖国的浪潮,全国教育联合会决定将每年5月9日定为"国耻纪念日"。

袁世凯倒行逆施,于1915年12月12日正式申令承认帝位,立即引起全国人民的唾骂和声讨。此时,各国公使也改变了态度,放弃了袁世凯。当了83天皇帝的袁世凯忧惧而死,落得个身败名裂的下场。

东交民巷的列强外交使团又开始了新的阴谋。

1924年,冯玉祥发动北京政变,将溥仪逐出紫禁城。溥仪出宫后先住在醇亲王府,后躲入东交民巷的日本兵营,被日本驻

---

① 来新夏等著:《北洋军阀史》,上海:东方出版中心,2011年5月版,第350页。

华公使芳泽接到日本公使馆,然后又被秘密送往天津日本租界。九一八事变后,溥仪被日本特务机关送往东北,成为日本军国主义分裂中国的傀儡。

1926年3月12日,日本军舰掩护奉系军阀张作霖的军舰驶入大沽口,炮击冯玉祥所属的国民军,被国民军击退。日本借题发挥,英国、法国、美国、意大利、日本五国公使于第二天召开紧急会议,决定采取共同行动对付中国。16日,荷兰公使欧登科代表《辛丑条约》关系国各公使,向中国政府提出最后通牒。段祺瑞临时执政府完全接受了八国驻华公使的最后通牒,引起中国人民的极大愤慨,酿成三一八惨案。鲁迅先生在惨案发生的当天所撰写的《无花的蔷薇之二》一文中,将这一天称为"民国以来最黑暗的一天"。

当上伪满洲国"皇帝"的溥仪(前排左5)与关东军司令官菱刈隆(前排左6)等合影

东交民巷的列强外交使团与中国反动势力联手，积极参与对革命力量的镇压。奉系军阀张作霖勾结东交民巷里的外交使团逮捕中国共产党主要创始人之一的李大钊，就是中外反动势力勾结的典型事例。

1927年4月6日上午，奉系军阀出动300多名警察、宪兵和便衣侦探，由京师警察厅总监陈兴亚带领，包围了苏联使馆，冲进使馆西侧旧兵营逮捕了国民党北京市党部机关和中共北方区委机关负责人李大钊等35人。其间，东交民巷里的外国巡捕加岗增哨，美、英使馆高墙上荷枪实弹的士兵注视着苏联大使馆，密切配合逮捕行动。

李大钊（1889—1927）

按照《辛丑条约》规定，中国军警是不能进入东交民巷"使馆界"的。一年前，列强还以所谓的"违反《辛丑条约》"向段祺瑞临时执政府提出最后通牒；一年后，列强对奉系军阀到"使馆界"抓捕共产党人和国民党左派人士却表示"理解"，并给予配合。为此，在抓捕行动前两天，荷兰公使欧登科召集《辛丑条约》关系国公使举行会议。公使们表示："此乃中国内部之治安问题。"又说："因俄使已不在《辛丑条约》国之内，使馆界优越权利，无享受之可能。"因此，"中国内部之事应由中国自行处理，使团方面概不过问"。

说得多么轻巧。然而，借口终究不能掩盖列强勾结中国反动势

张作霖命令奉军和京师警察包围苏联大使馆

力镇压中国革命的罪行,而且为阴谋寻找借口是列强惯用的伎俩。"只许州官放火,不准百姓点灯"便是他们的逻辑。

军阀政客的庇护所

1916年6月6日,复辟帝制失败后的袁世凯在无奈和焦虑中死去。袁世凯一死,北洋军阀集团派系纷争突显,北京政府频繁更迭,"乱哄哄,你方唱罢我登场"。失势的军阀政客纷纷躲进东交民巷"使馆界";得势的一方既不敢进入"使馆界"搜查逮捕,也不敢要求引渡。

试举几例:

黎元洪（1864—1928），字宋卿，湖北黄陂人。1911年10月10日爆发武昌起义，黎元洪并不赞成革命，在起义新军的胁迫下出任中华民国军政府鄂军都督。熊秉坤在《辛亥武昌首义亲历记》中记载，武昌起义爆发后，黎元洪躲藏在参谋刘文吉家中，让伙夫回家搬运财物，被巡查汤启发、程定国、马荣等人发现。"汤

黎元洪（1864—1928）

等乃偕伙夫同往刘宅，黎见众至，知难再匿，出叱汤等曰：'余带兵并不刻薄，汝等何事难余？'众曰：'我等来此，特请公出主大计，非恶意也。'黎曰：'革命党人才济济，要余何为？'众曰：'公平昔御众极得士心，今之革命党员，均属同袍。众望所孚，无如公者，请即出领导一切。'黎曰：'到何处与何人商谈？'众曰：'到楚望台与吴兆麟相商。'黎复曰：'吴畏三（兆麟字）乃余之学生，富有军事学识，有伊一人足矣。'众知黎无诚意，程定国厉声曰：'从则生，不从则死，统领自择之！'黎知不可抗，遂由众拥至楚望台。"

1912年1月，中华民国临时政府成立，黎元洪被选为副总统，仍兼任湖北都督，坐镇武汉，地位、实权兼而有之。1913年10月，黎元洪被选为正式副总统；12月，袁世凯派心腹大将段祺瑞接黎元洪入京，黎元洪辞湖北都督兼职。其实，段祺瑞"接"黎元洪入京的确切表述，应该是段祺瑞"押"黎元洪入京。从

此，黎元洪成为袁世凯的政治俘虏。黎元洪来京后住在东厂胡同（今王府井大街27号），失去了在国家重要事务中的发言权和决断权。然而，黎元洪不赞成袁世凯复辟帝制，对袁世凯给他的"武义亲王"封号也不接受。

袁世凯死后，黎元洪继任大总统，国务总理段祺瑞不服，终于酿成"府院之争"。正在黎元洪一筹莫展之时，张勋自告奋勇，表示愿进京充当"调停人"。黎元洪派人到徐州迎接，岂料引狼入室。

张勋（1854—1923），字绍轩，又作少轩，江西奉新人。早年曾在绿林谋生，光绪十年（1884）在长沙投军。辛亥革命时，张勋任江南提督，曾在南京雨花台与革命军展开激战，溃败后逃至徐州；清廷嘉奖其"孤军奋战"，授江苏巡抚兼两江总督、南洋大臣等职。进入民国后，张勋虽在袁世

张勋（1854—1923）

凯手下继续为官，但内心念念不忘"故主之恩"，他和他的军队一直留着标志清朝统治意识的发辫，因而所部"定武军"的番号反为"辫子军"的惯称所取代，他本人"上将军"的头衔也被"张大辫子""辫帅"的诨号所代替。在前清遗老旧臣的心目中，张勋俨然成了他们"所恃以定乾坤"的"徐州王"和"武圣"。

1917年6月14日，张勋率辫子军步、马、炮兵共10营5000人及随员140余人入京。入京后就开始了紧锣密鼓的复辟帝制活

溥仪在乾清宫接受拥戴

动。7月1日凌晨，张勋身穿朝服，率领康有为、王士珍等文武官员数十人，同入清宫，奏请溥仪复辟。之后，又捏造上谕，称黎元洪有奏请归政之举。黎元洪通电予以否认："闻本日清室上谕，有元洪奏请归政等语，不胜骇异。吾国由专制为共和，实出五族人民之公意。元洪受国民付托之重，自当始终民国，不知其他，特此奉闻，藉免误会。"7月2日，黎元洪偕蒋作宾、唐仲寅及秘书刘钟秀等仓促出府，移居法国医院，旋又逃入日本使馆避难。

7月3日，段祺瑞在天津马厂成立"讨逆军总司令部"，自任总司令，曹锟为西路军司令，段芝贵为东路军司令，宣布讨伐张勋。史称"马厂誓师"。

7月12日凌晨，"讨逆军"5万余人兵分三路，对北京发起总攻。"辫子军"在"讨逆军"飞机、大炮的轮番袭击下，纷纷弃械投降或溃逃。复辟的主要人物也各自逃生：张勋逃到荷兰使馆，康有为逃到美国使馆，溥仪逃到英国使馆，溥仪发表了一份声明并宣布退位。

我在东城区房管局工作时曾听一位老先生讲过张勋出逃时的一个细节。如今，那位老先生已经作古，我也已经60多岁了。我觉得应该把这个细节记下来：那位老先生的父亲是孙传芳的部下，驻扎在南苑。因奉命进京"讨逆"胜负难料，故出发时在左靴筒内藏一面五色旗，在右靴筒内藏一面黄龙旗。胜了，取出五色旗，说是"护国"的；败了，取出黄龙旗，说是"勤王"的。结果一路进展顺利，没遇到任何抵抗。到达午门后，将大炮架在午门上的雁翅楼向东瞄着张勋的住宅发射两颗炮弹，炮弹在张勋住宅内爆炸。稍后，张宅大门打开，驶出两辆汽车，插着荷兰国旗，"讨逆"成功了（笔者注：当时张勋的住宅在磁器库南岔，即今磁器库南巷，与午门的直线距离不超过500米）。

张勋出逃两天后，段祺瑞以"三造共和"的功臣姿态，在一片"军乐欢迎之声"中回到北京，重握北京政府实权。段祺瑞积极扩充皖系势力，与直系曹锟、吴佩孚和奉系张作霖发生利害冲突。1920年7月爆发直皖战争，段祺瑞失败下野。

7月29日，北京政府下令通缉查办皖系祸首徐树铮、曾毓隽、段芝贵、丁士源、朱深、王郅隆、梁鸿志、姚震、李思浩、姚国桢等10人。《北京东交民巷杂记》记载："在《北洋军阀史料选辑》中，记有李思浩（李思浩是北洋军阀段祺瑞皖系的官僚，当时的财政部总长。中国向法国大借款的'金法郎案'，就是他经手办的）说的两段话。李思浩说：'民国九年七月，直皖两军在北京附近交战，皖军失败，段内阁倒台，总统徐世昌下令,缉惩徐树铮、曾毓隽、李思浩等人。我们在令下之前就已经逃入东交民巷了。曾毓隽等住在日本兵营,我住在道胜银行的宿舍。没有住多久,首先是徐树铮,化装成日本人,由日本使馆派人陪同他溜出水门,乘火车赴天津。我在东交民巷住了3年多。'李又说:'民国十三年(1924),执政府时代(段祺瑞任北洋政府临时执政),我们对于冯玉祥很有戒心,怕他随时对我们或有不利,特别是我这个搞财政的。我想,处身于危墙之下,终非久计,乃乘机去东交民巷,租了桂绿第大楼两层房子(桂绿第大楼是个高级公寓)住下。最后,段祺瑞也被迫下台,逃进东交民巷(据陶菊隐的《北洋军阀统治时期史话》中说,段祺瑞是民国十五年四月,由执政府的顾问日本人大谷用汽车把他送进东交民巷的),也住在桂绿第大楼,住了几个月,我们一起秘密乘车逃到了天津。'①

段祺瑞(1865—1936),原名启瑞,字芝泉,安徽合肥人。出身于淮军将领家庭。曾为袁世凯手下最得力的干将之一,与王士珍、冯国璋并称"北洋三杰",先后担任新建陆军炮队统带,军政司参谋处总办,练兵处军令正使,第三、四、六镇统制等职。宣统二年

段祺瑞(1865—1936)

---

① 中国人民政治协商会议北京市委员会文史资料研究委员会编:《文史资料选编》(第四十二辑),北京:北京出版社,1992年1月版,第235页。

（1910），署江北提督，驻清江浦，加侍郎衔。

武昌起义后，段祺瑞被召回北京，任第二军军统，署湖广总督，并任第一军军统兼领湖北前线各军。1912年1月26日，段祺瑞领衔以湖北前线46名北洋军将领名义联名电奏朝廷，报告军事形势"饷源告匮，兵气动摇，大势所趋，将心不固"，"而默察人心趋向，恐仍不免出于共和之一途"，因此，"恳请涣汗大号，明降谕旨，宣示中外，立定共和政体"。这封具有通牒性质的电报，给风雨飘摇的大清王朝最后一击。段氏以"三造共和"之功自诩，此一造也；二造是指袁世凯复辟帝制，段祺瑞称病辞职；三造是指段祺瑞马厂誓师，讨伐张勋。"三造"之后，段氏的政治声望达到了其人生顶点。直皖战争虽迫使段祺瑞下野，但皖系军阀实力尚在。

1924年9月，第二次直奉战争爆发。因冯玉祥阵前倒戈，直系军阀吴佩孚败北。10月，冯玉祥发动"北京政变"，囚曹锟于中南海延庆楼，逐溥仪出紫禁城。张作霖、冯玉祥拥戴段祺瑞组织善后。11月24日上午，段祺瑞在临时执政府办公处（清陆军部旧址）举行就职典礼，任临时执政。

段祺瑞东山再起，公布《中华民国临时政府制》，共6条。其中第一条规定"中华民国临时政府以临时执政总揽军民政务，统率海陆军"。段执政集总统、国务总理、三军司令的权力于一身，企图一手遮天，还制造了三一八惨案。三一八惨案后，段祺瑞联合奉系、直系军阀打击冯玉祥国民军的阴谋被识破。4月9日夜，鹿钟麟派兵包围了执政府和吉兆胡同段祺瑞宅邸，准备先发制人、逮捕段祺瑞。不料事机不密，段祺瑞已先期闻风遁入东交民巷。从此，段祺瑞离开了政坛。

中国人民的屈辱地

东交民巷"使馆界"是列强侵略中国的罪证，也是中国人民遭受屈辱的标志。"使馆界"的建立，对中国人民而言本身就是奇耻大辱；然而，列强并不满足。他们还要求在"使馆界"外留有大片的空地作为所谓的"公界"，以方便他们的士兵在哨位上瞭望、监视中国人的行动。于是，崇文门内大街以西至"使馆界"东墙范围内原有房屋全部被拆除，成为"使馆界"内列强驻军向中国人民耀武扬威的练兵场和跑马场。"使馆界"的北墙在东长安街路南，可所谓的"公界"却拓展至东长安街路北80米的地方。东单牌楼头条胡同南侧的房屋也一律被拆除。东单从此无头条！公道何在，公理何存？

"使馆界"南墙利用北京内城南城垣，正阳门不在其内。可是，"使馆界"建立后美军却占据正阳门城楼18年之久。

八国联军侵占北京之时，正阳门一带是美军的占领区。正阳门城楼是这一带的制高点，美军在城楼上架起重机枪和山炮，派重兵把守，俨然一座军事要塞。《辛丑条约》签订后，八国联军陆续撤出北京，但盘踞在正阳门城楼的美军却赖着不走，理由竟

正阳门城楼下的美军

然是"为了使馆区的安全,有必要控制这个制高点"。

正阳门处在北京城的中轴线上,是北京内城的正门,又称"前门",是帝后们出城入城的必经之门。皇帝每年都要去天坛祭天,必经正阳门。届时,皇帝经过正阳门,而荷枪实弹的美军却高踞在城楼上,成何体统?因此,清廷外务部以争"帝仪"进行交涉,结果是正阳门城楼由美军暂住,"俟局势稳定后即行退还"。大清皇帝出行途经正阳门之时,城楼上可悬挂龙旗,由中国军队站岗。

进入民国后,北京政府就美军占据正阳门城楼又进行交涉,结果只是允许每年10月10日国庆节这天正阳门城楼挂中国国旗,由中国军队站岗,"以成庆典"。直到1919年五四运动爆发后,美军才被迫从正阳门城楼撤走。

五四运动爆发的导火索是中国外交在巴黎和会上的失败。

1918年11月11日，德国与协约国在巴黎东北康边（今译贡比涅）森林地方签订投降协定，第一次世界大战结束。作为战胜国之一的中国举国欢腾，认为"公理终于战胜了强权"，北京市民将位于崇文门内大街的"克林德碑"拆除，移建在中央公园（今中山公园）南门内，更名为"公理战胜坊"，额书"公理战胜"4字（笔者注：1952年，为纪念亚洲及太平洋区域和平会议在北京召开，将"公理战胜坊"更名为"保卫和平坊"，额书"保卫和平"4字为郭沫若题写）。

然而，在列强的掌控下，公理何能战胜强权！

1919年1月18日至6月28日，在巴黎召开和平会议，会议由

一战胜利以后，北京市民拆除了耻辱的象征——克林德碑

克林德碑被拆成废墟

雪中的公理战胜坊

保卫和平坊

顾维钧（1888—1985）

美、英、法三国操纵，名义上是为了拟定对德合约，"建立战后和平"，实际上是帝国主义战胜国重新瓜分世界。中国代表团参加会议，团长是顾维钧。中国代表团向和会提出希望列强放弃在华特权，要求取消"二十一条"和收回山东的一切被日本夺取的权利。

在巴黎和会上，顾维钧力主中国收回山东权益，而日本代表牧野则要求战败国德国在山东的利益应由日本"继承"。顾维钧对所有与会代表说："西方有位圣人叫耶稣，被钉上十字架的耶路撒冷，如今成为基督教的圣地，谁也不可侵犯。在场的先生们，应该同意我的话吧？"众人点头。顾维钧又说，"我们东方也有一位圣人，叫孔子，不但在中国，就是邻近的日本，也承认他是圣人。"顾维钧问牧野："您说对不对？"牧野点头。顾维钧随即环顾众人，高声说："山东是孔子的故乡，是中国人的圣地，也是所有认为孔子是圣人的圣地，当然不容侵犯了。"牧野瞠目结舌。

尽管顾维钧的外交努力可圈可点，但是"弱国无外交"却是不争的事实，更何况巴黎和会根本就不是讲理的会议。列强漠视中国的主权和战胜国的地位，更无视中国代表团的据理力争，拒绝了中国代表团所提要求，非法决定让日本继续享有继承战前德国在山东的特权。欺人太甚！然而，北京政府竟然准备在和约上签字。

消息传出，举国愤怒。遂引爆了五四运动，"外争国权，内惩国贼"成为运动的主要目标。

匡互生在《五四运动纪实》中写道："五月四日下午一点钟的前后，到天安门集合，共有十三个学校的学生。当时各人手中所持的旗帜，都写上什么'废止二十一条'，什么'卖国贼曹某章某'，什么'反对列强'，什么'抵制日货'一类使人引不起注意的字样。因此当时政府派出的学生队伍前后巡逻的侦探虽然很多，却也一点摸不到头脑。不唯他们看不出学生有痛打曹章等的决心，并且也不相信学生们会有什么暴动——老实说，最大多数的学生，实在没有这种预备的。可是当大家都以为须全队赴东交民巷走过，方才可以对外表示中国民众的一种公意，就决定向东交民巷出发。不料东交民巷外国守卫队，竟不让通过，虽由代表再三向英、美、法、意各国公使署交涉，因庚子条约（《辛丑条约》）的束缚，终没允许通过的可能！于是素不感觉外力欺压的痛苦的人们，这时也觉得愤激起来了！'大家往外交部去，大家往曹汝霖家里去！'的呼声真个响彻云霄。这时候，无论怎样怯懦的人也都变成了一些有勇气的人了！"

曹汝霖，时任交通总长，是亲日派，曾参与签订"二十一条"，住在朝阳门内城隍庙大街（今北总布胡同）的赵家楼（今前赵家楼胡同）。与章宗祥（驻日公使）、陆宗舆（币制局总裁）在五四运动中被学生斥为卖国贼，是"内惩国贼"的主要对象。

在东交民巷受阻的学生队伍群情激愤,沿着东长安街经御河桥、东单牌楼,一路高呼口号直奔曹汝霖的住宅。冲入曹宅后,痛打了在曹宅内的章宗祥。许德珩先生在《五四运动六十周年》中写道:"随后我们来到曹汝霖的卧室,卧室里还有日本女人,大家保护出去未挨打。有一个同学抽烟,身上带着火柴,看到卧室太华丽,又有日本女人,十分气愤,就用火柴把绿色的罗纱帐点燃了,顿时室内大火,房子也就烧起来了。"这便是五四运动中上演的"火烧赵家楼,痛打章宗祥"一幕。

显然,"火烧赵家楼,痛打章宗祥"是帝国主义列强蛮横无理逼出来的,但军警却当场逮捕了31名学生和1名市民。许德珩先生回忆:"我和易克嶷被捕后,他们故意侮辱我们,把我们两人捆在拉猪的手推板车上,拉进步军统领衙门。"军警的镇压犹如火上浇油,北京的学生立即实行总罢课,并通电全国表示抗议。天津、上海、长沙、广州等地学生也纷纷游行示威,声援北京学生。在日本、法国等国的中国留学生以及南洋华侨学生都展开了爱国活动。迫于压力,北京政府于5月7日将逮捕的32人全部释放。

五四运动的烈火越烧越旺,北京政府继续采取严厉镇压手段。"六月一日至三日间,北京被捕的学生达两三千人,监狱容纳不下,竟把北大三院作为临时监狱。四日,学生用加倍的人数出发,军警进行了更大规模的逮捕,当天被捕者竟达七千余人。北大三院也收容不下,只得又把理科作为临时监狱的扩充部

五四运动中北京大学学生队伍

五四运动中的街头标语

欢迎被捕学生获释

分"①。当时北京共有学生25000人,竟有如此众多的学生被捕,必然引起全国人民的极大愤怒。6月3日,上海各界举行民众大会,号召全国罢工、罢市,声援学生。上海、南京、天津、杭州、武汉、九江及山东、安徽等地工人举行了中国历史上第一次政治罢工,上海和全国各重要城市的商人也先后罢市。至此,五四运动发展到一个新的阶段,工人阶级成为主力军。

6月10日,北京政府被迫释放被捕的学生,罢免曹汝霖、章宗祥、陆宗舆的职务。

---

① 方建文、张鸣主编:《百年春秋——二十世纪大事名人自述》(第一卷),北京:经济日报出版社,1997年8月版,第356页。

五四运动也迫使日本政府做出反应。5月18日，外相内田康哉声明一定要把山东归还中国；6月13日，驻华公使小幡要求中日换文，对归还山东再做声明。日本政府企图以此骗取国际同情，诱使中国在和约上签字。

此时，中国代表团仍在做外交上的努力，却得不到北京政府的明确指示。6月24日，外交部急电告知代表团：国内局势紧张，人民要求拒签，政府压力极大，签字一事请陆征祥总长自行决定。北京政府在紧要关头逃避责任，用顾维钧的话说，政府"把中国代表团团长置于极为严峻的困境"。因为陆征祥正因病住院躺在病床上，6月27日，和约签字的前一天，顾维钧约见法国外长毕勋，再次谈了中国的最后3种选择：一、将保留附于和约之内；二、将保留附于和约之后；三、中国代表团在预备会上做一声明，同时将此声明记录在案。毕勋断然拒绝。28日上午，中国代表团分别致函英国、美国、法国首席代表，表示如果签字不妨碍将来提请重议，就可以签字。结果原信被退回。因为，在他们看来，中国代表团不敢不在和约上签字。

6月28日下午，巴黎和会在凡尔赛宫举行签字和闭幕典礼，中国代表断然拒绝出席。各国代表进入会场后惊异地发现，为中国全权代表留着的两把座椅始终空着。中国代表的缺席使整个和会，使法国外交界，使整个世界为之愕然！

6月28日下午3点，北京政府指令拒签的电报送达代表团。此刻巴黎和会的帷幕已经落下。

五四运动拉开了中国新民主主义的序幕。在这样的背景下，美国政府"明智"地让驻华公使馆主动与北京政府外交部联系,交还正阳门城楼。步兵统领衙门派兵接管,美军撤离。

《辛丑条约》规定"各使馆界以为专与住用之处,并独由使馆管理"。"使馆界"管理公共事务的机构叫使馆界事务公署,其主事者由各外交使团值年公使轮流担任。公署下设机构中的巡捕局负责界内治安、交通及对人力车夫的管理等事务。北京警察厅管辖的人力车标志为蓝牌,不能进入"使馆界";"使馆界"内的人力车标志为黄铜质的圆牌,界内外通行。

巡捕局招募中国人做巡捕,负责站岗放哨、指挥交通、维持秩序等,北京人管他们叫"洋巡捕"。当时有人在文章中感叹:"东交民巷,中人充洋巡捕者,严阻诸色车辆行走……有心人经过此巷,能无感动于中也!"其实,他们当中的大多数是因生活所迫,其中不乏爱国之士。《北京市东城区志》载:"1925年,五卅反帝爱国运动爆发,北京学生游行队伍进入使馆界,高呼'收回租界'等反帝口号。民国政府当局竟下令军警阻止这些游

民国时期的东交民巷入口

行群众从使馆界出去。以巡捕局长宋某为首的巡捕对爱国学生表示同情和声援,开放南水关,护送游行队伍离开使馆界,并全体罢岗,宋某愤而辞职。"

1928年6月28日,南京国民政府令北京改名北平,划为特别市。既然中国的首都迁至南京,那么,各国驻华使馆也就随之迁往南京。按理说,北平特别市就不应该再有什么所谓的"使馆界"。可是,北平的"使馆界"名称依旧,仍然为帝国主义列强所控制。《燕都丛考》的作者陈宗蕃在记述东交民巷时写下一段按语:"辛丑签订和约,于是东交民巷左右之地,无论为民居,为衙署,为祠宇,均围入使馆界,设铁栅,筑炮垒,四周并各留隙地数十丈,以备守望。界内自置警设署,俨若异国。各使馆分地而居,兵营亦各附于使署左右(唯瑞典、挪威等国使署不在界内)。其余银行、商店,栉比林立,电灯灿烂,道路平夷,在城市中特为异观。然实我外交史上之一大耻。比年以来,国际交涉,虽已移于南京,而使署之在北平,依然如故。废除不平等条约之谓何也,噫亦异矣。"

抗日战争胜利后,北平市政府会同外交部奉令接受"使馆界"。对此,万永光先生在《国民党政府收回北平使馆界》一文中有详细记载,抄录部分内容如下:

日本投降后,1945年11月24日,国民党政府行政院公布了《接收租界及北平使馆界办法》和《租界及使馆界官有资产及官有债务清理委员会组织规程》。《接收租界及北平使馆界办法》关于接收北平使馆界的规定,主要内容是:

一、北平使馆界之收回，根据中国与英、美、比、挪、瑞（典）、荷等国分别订定之新约办理。应随同收复地区于日军投降后，径从敌伪手中收回。

二、使馆界公有资产分别处理办法如下：（一）原为使馆界所公有之财产，先行接管，其债权债务关系留待清理委员会清理。（二）原为同盟国或中立国所有之资产，应于证明属实后，准其继续保有。（三）原为敌国政府所有之资产，除全国性事业适用行政院公布之《上海区敌伪产业处理办法》外，由主管市政府接管，缮造清册报行政院核办。凡属敌国使馆之财产由外交部会同市政府接收。

三、使馆界内同盟国原有之使馆土地、房屋，按照中美、中英等新约规定，准其继续使用，由各该国政府派员接收。其他各国原有使馆土地、房屋，由市政府点明财产妥为保管，呈候中央核办。

四、使馆界内之私有资产，其为敌国人民所有者，按敌国政府所有之资产处理办法处理。其为同盟国或中立国人民所有者，在接收使馆界时仍在原主手中者，应准其继续保有；如为敌伪强占者，应于原所有权证明后，交还原主。其已由外商出让与敌伪者，或由外商冒领敌伪产业者，均按敌伪产业办理。

五、使馆界内属于意大利政府之资产，由主管机关接收管理，其属于意大利人民所有之资产应按照同盟国或中立国人民所有之资产办理。

六、使馆界收回后，不设特别管理区，应即合并于所属市政府，其原有之行政机构合并于地方相应机构。

七、使馆界接收完毕后，由政府组织一清理委员会，审查并确定使馆界内应行移转于中国政府之官有资产及官有义务、债务,并厘定关于担任并履行此项官有义务及债务之办法,呈候行政院核定施行。

"国民党北平市政府奉令后,饬由地政局、警察局及外事处会同派员调查使馆界现状……界内各国房产共157所,每所房屋10间至800余间不等。"

"清理委员会于1946年7月成立,设在西班牙使馆原址。由市长熊斌(后为何思源)任主任委员,委员7人,包括市政府秘书长杨宣诚(后为邓继禹)、法律顾问黄觉非、参事胡寄窗、外事处处长唐悦良(后为左明彻)、地政局局长张道纯、警察局局长陈焯(后为汤永咸)及外交部平津区特派员季泽晋。主任秘书张述先(外交部特派员办事处工作人员)处理日常事务。"

1947年12月,清理工作结束。使馆界内的官有资产和官有债务,包括土地及地上建筑物均为中国政府接收。同盟国或中立国在使馆界内所有土地、房屋准其为公务目的继续使用;而原各使馆将其部分土地租于私人建立的房屋非因公务使用,如法国使馆所有部分土地租与法侨建立天主教堂、桂绿第大楼等房产11处,上建房屋457间,该项土地中国政府予以收回,另与承租人订立租地合同。未经原外交使团公议划归使馆的地而擅自圈占的用地,如美国使馆圈占的东交民巷西口斜坡地,由中国政府收回,若美国使馆继续使用,另订租约,期限9年,可续订。消除使馆界内敌视、侮辱中国人民的纪念物和标志。

"使馆界"——这个中华民族耻辱的标志在古都消失了。然而,"使馆界"带给中国人民的屈辱仍在继续。

北平学生抗议美军暴行游行

　　北平市政府决定原使馆界由内七区警察分局管理,事实上管理不到位。外侨居留仍不向警察局申报户口,外国银行、商店也不履行向中国有关当局纳税的义务,更有甚者,驻扎在北平的美军,包括驻扎在东交民巷的美国海军陆战队以占领者自居,且以《中美警宪联合勤务协议书》(笔者注:1946年10月8日,北平国民党当局与美国海军陆战队宪兵队签订《中美警宪联合勤务协议书》,成立"中美宪警联络室",规定美军肇事须由美国宪兵处理,中国只有旁听权)为护身符无恶不作,对中国人民犯下了累累罪行。

　　1946年底,美军在北平兵营住所共43处,主要分布在东单、东四、东交民巷等地。美国军人不可一世地出现在北平人民面前,他们横行霸道,以强者自居,欺压北平人民,犯下累累罪行。仅北平一地,从1946年9月至11月,美军制造暴行即达32起,造成15人死亡,25人受伤。1945年10月14日,德胜门大街孀居多年的妇女孙赵氏11岁的儿子孙世民被美军汽车轧死,肇事人鲁意斯赔付美金15元了事。1946年9月，美军汽车在三座门轧死三轮车夫高齐弟。10月11日，律师王振华在天安门以东被美军大卡车撞死。10月25日，美军汽车在苏州胡同撞死车夫王玉虎。1947年3月，美军士兵数人在海淀南坞村前街48号前持步枪以正在玩耍的14岁学童王凤善当活靶，连开10余枪，当即将王凤善击毙。上述种种暴行，国民党政府均不得过问，一概由美军军事法庭处理。而美军军事法庭对肇事美军士兵一律宣判无罪。除车辆肇事与持枪行凶外，在北平街头，常见美军士兵酒后行凶滋事。西湖营胡同德法绣货铺、珠市口一立商行、尧治国胡同三义祥杂货铺曾遭到美军士兵抢劫。北平市民无故遭受美军欺凌侮辱的事件更是接二连三发生。1946年12月24日夜，北京大学先修班女学生沈崇遭受美军士兵皮尔逊强奸，由此引发了全国规模的抗议美军暴行活动。皮尔逊所在部队为驻平美军陆战第一师第五团"[1]。皮尔逊所在部队驻地在东交民巷，其犯罪现场在东单广场。

有多少苦同胞怨声载道，
铁蹄下苦挣扎仇恨难消。
春雷爆发等待时机到，
英勇的中国人民岂能俯首对屠刀！

---

[1] 中共北京市委党史研究室著：《新旧交替之际的北京——北京解放前夕社会概览》，北京：中央文献出版社，1998年12月版，第23～24页。

雪耻的东交民巷

谁能动手换人间,
非佛非仙非圣贤。
五四以来新历史,
光焰万丈此诗篇。

北平和平解放

1948年12月5日,平津战役打响。人民解放大军以排山倒海之势摧枯拉朽。人民解放的隆隆炮声犹如阵阵春雷,给古都北平带来新的生机。

1949年1月31日,北平和平解放,平津战役结束。2月2日,中共北平市委、北平市军管会、北平市政府进入北平城内办公。机关设在东交民巷40号(原德国使馆馆址)。

2月3日,人民解放军举行隆重的进驻北平入城式。

北平城里,万人空巷。工人、学生、市民一群群、一队队,冒着严寒从四面八方涌向入城式行进路线旁,争睹人民子弟兵的风采。红旗招展,锣鼓喧天,在欢迎解放军的人流里,周建人、胡愈

叶浅予画《北京解放》

之、张奚若、钱伟长、费孝通、李广田、张东荪等社会各界名流与群众一起手执红旗,高呼口号,沉浸在欢庆之中。

上午10时,入城式开始。入城式以指挥车、军乐队为先导,进入永定门,依次是装甲车、炮兵、坦克、摩托化部队、骑兵、步兵方队,队伍浩浩荡荡地向正阳门前进。前门大街两侧排满有组织的大、中学校的学生队伍,他们打着各自的校旗,《解放区的天是明朗的天》《团结就是力量》的歌声此起彼伏。在前门大街上,装甲车队被欢迎的人群围了起来。学生们爬上装甲车贴标语,标语贴完了,就用笔在炮上写,就连战士们的身上也被写上了"庆祝北平解放!""欢迎解放军!""解放全中国!"等标语。

前导车行进在前门大街

平津前线司令部司令员林彪、政治委员罗荣桓、平津卫戍区司令员聂荣臻、中共北平市委书记彭真、北平市军管会主任兼市长叶剑英及联合办事处全体代表登上正阳门箭楼检阅入城部队。

入城部队进入正阳门后东折向东交民巷挺进。

东交民巷,这个帝国主义列强通过《辛丑条约》强行划出的"使馆界",这个使中国人民饱受屈辱的"国中之国",今天迎来了新生。当人民解放军入城部队在军乐声中,在欢迎群众的簇拥下昂首挺胸通过东交民巷的时候,东交民巷成了欢乐的海洋。此时,美国、英国等国的领事馆门窗紧闭,帝国主义分子们失去了昔日的威风,他们透过窗户上的玻璃向外窥视。正如毛泽东

人民解放军炮兵部队通过东交民巷

在《别了,司徒雷登》一文中描写的那样,他们看见了什么呢?
"除了看见人民解放军一队一队地走过,工人、农民、学生一群一群地起来之外,他还看见了一种现象,就是中国的自由主义者或民主个人主义者也大群地和工农兵学生等人一道喊口号,讲革命。总之是没有人去理他,使得他'茕茕孑立,形影相吊',没有什么事做了,只好夹起皮包走路。"

部队出东交民巷东口,沿崇文门内大街北行,经东单牌楼、东四牌楼、北新桥,西行至太平仓,与另一路从西直门入城的部队会合,再折向南行,经西四牌楼、西单牌楼、西长安街、和平门、骡马市大街,由广安门出城。"这次入城式,在全国和全世界都引起了强烈反响。一家外国通讯社当天由北京(平)发出的电文稿称:'中国人民解放军入城,规模空前未有,士气十分高

北平市民欢迎解放军入城

涨,装备异常精良,实为一支强大的有战斗力的部队。'‘中国革命方兴未艾,南京当局大势已去。'"①

毛泽东主席在党的七届二中全会上指出:"北平入城式是两年半战争的总结,北平解放是全国打出来的,入城式是全部解放军的入城式。"

北平入城式是里程碑,是中国革命胜利的标志,是中国人民当家做主的标志,也是东交民巷雪耻的标志……

《光明日报》驻莫斯科记者杨政在2013年8月22日的《光明日报》上发表访俄罗斯汉学家齐赫文斯基的文章——《老骥伏枥 志在千里》。齐赫文斯基当年任苏联使馆驻中国北方地区负责人兼总领事,年已95岁的他对记者说:"北平和平解放之后,解放军一进城,叶剑英就带人到了苏联总领馆,我至今还非常清楚地记得,地址是东交民巷37号,电话是592062。叶剑英神情凝重地告诉我,国民党特务将对苏联和美国的外交官进行暗杀,然后再嫁祸于中共。北平和平解放之后,毛主席住在西山的双清别墅。一天,毛主席请苏共中央代表科瓦廖夫去作客,我陪同前往。毛主席设宴款待了我们。宴会结束后,双方开始正式会谈,中心议题是刘少奇访苏、中国请求苏联政府提供军事援助和派遣专家等问题。参加会谈的还有刘少奇和周恩来,师哲做翻译。"

齐赫文斯基的名字全称谢尔盖·列奥尼多维奇·齐赫文斯基,他还有一个中国名字:齐赫文。这个中国名字是有来历的,

---

① 中共北京市委党史研究室著:《上上之役——北平和平解放的实现》,北京:中央文献出版社,2009年1月版,第234页。

他说:"1943年底我被派往重庆的苏联驻中国使馆工作,帕纽什金大使让我同他一起去参加一个活动并当翻译。四川一位富商、银行家请大使到家里作客,此人与郭沫若有点儿亲戚关系。当时,郭沫若和邵力子都在场。郭沫若问我:'你贵姓啊?'我说:'齐赫文斯基。'郭又问:'你有中国名字吗?'我说:'没有。'郭沫若对邵力子说:'我们给他起个中国名字吧!'他们在那里反复读着我的俄文姓名,突然异口同声地说:'就叫齐赫文吧!'"真是英雄所见略同。

赵和平画齐赫文斯基

齐赫文斯基历任俄罗斯科学院主席团顾问、俄中友好协会理事会名誉主席、俄罗斯汉学家联合会荣誉主席。老人对北平和平解放时的回忆,使人们的思绪又回到了那个"激情燃烧的岁月"。

收回外国兵营

1949年10月1日,毛泽东主席在天安门城楼庄严宣告:"中华人民共和国中央人民政府今天成立了!"

10月2日,苏联外交部第一副部长葛罗米柯给周恩来发来电报:"苏联政府决定建立苏联与中华人民共和国之间的外交关系,并互派大使。"罗申是首任苏联驻中华人民共和国大使。

鉴于既有基础,苏联驻中华人民共和国大使馆最初设在东交

开国大典盛况

民巷，1959年迁至东直门内东扬威街（今东直门北中街），现为俄罗斯驻华大使馆。

中华人民共和国成立初期的北京，百废待兴，解决东交民巷历史遗留问题也在积极推进。

1950年1月6日，北京市军事管制委员会发出布告，宣布收回外国兵营地产及征用地上建筑物。当日下午，在美国兵营（东交民巷22号）、法国兵营（台基厂三条1号）、荷兰兵营（东交民巷42号）门前张贴布告。

布告内容：一、某些外国利用不平等条约中所谓"驻兵权"，在北京市内占据地面，建筑兵营。现在此项地产权因不平等条约之取消，自应收回。二、此项地产上所建筑之兵营及其军用建筑，因地产权收回所产生之房产问题，我政府另定办法解决。三、目前此项兵营及军用建筑，因军事之需要，先予征用。四、此项征用，自布告之日起，7日后实施。

布告贴出后，美国、法国、荷兰前领事竟以"领事"身份致函北京市军管会进行抗议，因中华人民共和国尚未与这3个国家建交，故信函被原件退回。

1月7日，北京市军管会向美国、法国、荷兰前领事馆送达征用命令；1月13日，又下达1月14日进行征收兵营工作的口头通知。

1月14日9时40分，北京市军管会会同市清管局、市公安局外管科和市政府外事处，将征收工作执行人员分成3组同时前往美国、法国、荷兰兵营进行征收接管。

第一组负责征收接管美国兵营。执行人员到达后，在美国前领事引领下进入兵营，发现兵营内物品尚未清理搬运，前领事还以坚持抗议进行刁难。执法人员明确指出其似有意违抗军管会命令，他们这才开始清理搬运。1月16日9时，美国兵营征用接收完毕，接收地产33.8亩。

第二组、第三组的征用接管工作比较顺利。荷兰兵营于当日下午3时征用接收完毕，接收地产26亩；法国兵营于当日下午4时征用接收完毕，接收地产33.64亩。

4月4日，北京市军管会向英国前领事馆送达征用前英国兵营（兴国路副1号）命令。4月11日上午，征收工作执行组到英国兵营执行任务；当日11时50分，执行人员正式通知英国前领事馆代表，英国兵营即时由北京市军管会接管。英国兵营征用接收完毕，接收地产60亩。

7月21日，经过谈判，苏联自动宣布交回原俄国的北京兵营，并将兵营上的房屋无偿交还中国。隆重的交接仪式在中国外交部举行。至此，在京修建的外国兵营已全部收回。

从光绪二十七年（1901）《辛丑条约》强迫中国政府划出东交民巷这个"国中之国"，到1950年中国政府征用外国兵营，中国人民为湔雪国耻、反抗侵略的斗争终于取得了胜利。

谁能动手换人间，

非佛非仙非圣贤。

五四以来新历史，

光焰万丈此诗篇。

城市建设发展

东交民巷是北京城内供水、供电最早的地区之一。

清光绪二十五年（1899），德商瑞记洋行经理包尔在大纱帽胡同5号创立北京西门子电汽灯公司，向东交民巷的使馆、洋行供电；光绪二十六年（1900），八国联军入侵北京，电汽灯公司毁于火；光绪二十九年（1903），瑞记洋行又在台基厂三条开办北京电灯公司，安装80马力发电机6台、装机容量7000千瓦，专供东交民巷用电。宣统三年（1911）三月，京师自来水公司在东直门外建成的配水厂正式向城内供水，东交民巷在第一批供水范围之内。

东交民巷成为"使馆界"后，界内开设了3家洋行：英商开设的"怡和洋行"，主要操纵沿海航运及对外贸易；法商开设的"亨达利洋行""增茂洋行"，专门经营洋货。一些外国银行相继在界内开业，计有英国的汇丰银行（1900年建成，位于东交民巷32号，已拆除）、德国的德华银行（1902年建成，位于东交民巷7号，曾作为北京医院后勤办公楼，已拆除）、日本的正金银行（1910年建成，位于正义路甲4号）、美国的花旗银行（1914年建成，位于东交民巷36号，今为北京警察博物馆）、法国的东方汇理银行（1917年建成，位于东交民巷34号）等。此外，英商还在界内开办了5家保险公司：永明人寿保险公司、平澜船务及保险商业有限公司、保安保险公司、保家保险公司、华英保险公司。光绪三十三年（1907），英国、法国、美国、俄国、德国、日本六国集资在东河沿（今正义路东侧）南段建了一座4层楼房饭店，建筑面积1.48万平方米，有客房159间，名"六国饭店"。是北京最早的高档涉外饭店之一，也是京城最早经营西餐的大型餐厅之一。当年，有一首描写"六国饭店"的竹枝词：

> 海外珍奇费客猜，西洋风味一家开。
> 外朋座上无多少，红顶花翎日日来。

界内建有医院、邮局、国际俱乐部等公共服务设施和文化娱乐场所。建有医院4所：光绪十二年（1886），美国美以美教会在崇文门内大街西侧建同仁医院；光绪二十七年（1901），法国教会、意大利教会在东交民巷建法国医院、意大利医院；光绪三十一年（1905），德国教会在白家栅栏朱凤标（道光年间进士，官至户部尚书，谥"文端"，其宅邸毁于八国联军入侵北京之时）宅邸旧址建德国医院。

界内主要建筑设计精良，各具特色，"在城市中特为异观"，构成风格各异的东交民巷建筑群。例如：德华银行由德国贝克尔建筑事务所设计，德国施密特公司承建，明显带有16世纪德国建筑风格。

日本侵略者占领北平后，东交民巷"使馆界"被日本人掌控。尤其是太平洋战争爆发后，连使馆界事务公署秘书兼警察长的英国人劳莱斯都被日本人强迫解职,集中在山东潍县,使馆界内的英商、美商、法商相继撤离,逃之夭夭。

抗日战争胜利后,国民政府收回北平使馆界。

北平和平解放后,中共北平市委、北平市政府进驻东交民巷。市政府接管同仁医院;延安中央医院、延安白求恩医院接管北平医院(前身为德国医院),更名为北京医院,毛泽东题写院名。六国饭店曾作为政务活动场所,与北京饭店共同承担重要的接待任务。

中华人民共和国成立后,东交民巷街区的城市建设得到快速发展,环境也得以美化。

1950年,兴建东长安街林荫大道,在南河沿以西的南侧和南河沿以东的北侧,各修一条宽15米的新路。新路南北两侧种植4排国槐和珍珠梅,与原有树木形成分车道绿化带。与此同时,

东长安街

在东长安街南侧兴建公安部、轻工业部、纺织工业部、燃料工业部、对外贸易部办公楼。

1953年，在东交民巷东段南侧建新侨饭店，共5层，呈"山"字造型，占地面积1.03万平方米，建筑面积2.17万平方米，有客房395间。

1954年，北京同仁医院新建病房楼落成，南邻东交民巷，地上4～5层、地下1层，建筑面积2.05万平方米。1991年，又新建门诊楼和病房楼，建筑面积4.65万平方米。同年，六国饭店改为外交部招待所，并在其南侧盖了一栋6层楼房。

同仁医院

1955年，在崇文门内大街西侧建成占地面积4.5万平方米的东单公园。此处原为成化寺；《辛丑条约》签订后，拆除成化寺辟为外国驻军的操场；1948年，国民党守军建成临时飞机场；而今，成为市民休闲之所。

1956年，修建台基厂大街排水干线，其中雨水干线952米、污水干线796米。

东单公园内景

　　1957年，中共北京市委办公楼落成，建筑面积2.57万平方米，位于台基厂大街路西，是20世纪50年代北京党政机关建设较早、规模较大、标准较高的办公建筑。

　　1958年，在东单路口西南角建成占地面积2.8万平方米的东单体育场；将位于东长安街10号的东长安街体育场建成可容纳3500名观众的看台、灯光篮球场1个和室外篮球场1个。

　　1959年，再次扩建东长安街，扩建长度1565米、宽度40～80米；对道路两旁的树木调整更新，采取落叶树与常绿树相结合、乔木与灌木相结合、草坪与花卉相结合的栽植方法，换植白杨、塔松、针叶松、元宝枫等树种。修建台基厂大街热力管线，敷设热力支线2423米，建热力点18处，第一热力厂开始直接为东交民巷供热。

同年，苏联驻华大使馆迁至东直门内。至此，东交民巷无使馆。

一滴水映出大海狂澜。东交民巷的发展变化反映出年轻的中华人民共和国10年坚实的前进步伐，一步一个脚印，一个脚印一朵鲜花。

东交民巷仍在发展变化，用"日新月异"形容不为过也。

1960年，修建台基厂煤气调压站和管网干线，开始为东交民巷街区的机关、单位供气；

1965年，修建地铁一号线，拆除崇文门以西的内城南城垣；

1975年，拆除原法国使馆，原址重建，成为时任柬埔寨国家元首诺罗敦·西哈努克亲王在北京的官邸；

1976年，北京医院建成高级干部保健楼；

1983年，在市政府大院内建成北京市政府办公楼，地上12层，建筑面积7108平方米；

1986年，在东交民巷西段路北建成最高人民法院办公楼，地

北京市人民政府　　　　　　　　中共北京市委办公楼

下2层、地上8层,建筑面积1.39万平方米;

1990年,北京医院扩建工程完工,扩建面积6.7万平方米,包括门诊楼、病房楼、医技楼、综合楼,扩建后的北京医院占地面积5.16万平方米;建筑面积8.97万平方米;

1995年,对外经济贸易部办公楼在东长安街南侧竣工,一期为东楼(1.70万平方米),二期为中楼(2.48万平方米)和西楼(1.23万平方米);

1996年,东单体育中心落成,占地面积2.3万平方米、建筑

北京医院

对外经济贸易部(现商务部)办公楼

面积2.03万平方米，包括1个人造草皮足球场、7个室外篮球场和8个体育馆，同年10月，长安俱乐部落成开业，占地面积2275平方米、建筑面积2.4万平方米，内设网球场2片、壁球场1片、保龄球场4道、台球室1个及游泳室、健身房等；

2001年，将东交民巷36号花旗银行旧址辟为北京警察博物馆，展厅面积2000平方米……

长安俱乐部

东单体育中心

现在的东交民巷街区是机关单位相对集中之地，是服务设施相对完备之区。

在75万平方米范围内的国家机关和有关单位：最高人民法院在东交民巷27号，公安部、国家安全部在东长安街14号（英国使馆旧址），商务部在东长安街2号，纺织工业联合会在东长安街12号，轻工业联合会在东长安街6号，对外友好协会在台基厂大街1号（意大利使馆旧址），中央文史馆、国务院参事室在前门东大街11号（荷兰使馆旧址），前门东大街23号（美国使馆旧址）属钓鱼台国宾馆；北京市机关和有关单位：中共北京市委在台基厂大街3号，北京市人民政府在正义路2号，北京市公安局、北京市国家安全局在前门东大街9号，北京市总工会在台基厂三条3号（法国兵营旧址），北京市对外交流合作办公室在东交民

最高人民法院大门

公安部、安全部 　　　　　　　　北京市公安局、北京市国家安全局

纺织工业联合会 　　　　　　　　轻工业联合会

巷甲25号，等等。

　　在75万平方米范围内有著名星级饭店3家，其中首都大酒店为五星级，新侨饭店为四星级，华风宾馆为三星级。沿崇文门西大街、前门东大街排列，自东向西分别为新侨饭店（崇文门大街1号）、首都大酒店（前门东大街3号）、华风宾馆（前门东大街5号）；在东长安街南侧有两座大型体育设施，自东向西分别为东单体育中心和长安俱乐部（东长安街10号）。街区还有两家

三级甲等综合医院（北京医院、同仁医院）和两座休闲场所（东单公园、正义路绿地）。

北京医院位于大华路1号，占地面积5.58万平方米，建筑面积22.78万平方米，卫生部直属三级甲等综合医院，以老年病治疗、护理、康复、保健为特色。

同仁医院位于崇文门内大街8号，占地面积2万平方米，建筑面积19万平方米，北京市属三级甲等综合医院，眼科最为著名。

东单公园，位于崇文门内大街西侧，面积4.5万平方米，园内有假山、凉亭和一座汉白玉《工农兵》雕像。

正义路绿地，位于正义路中间，长1000米，是一条以槐树、柏树为主，间以丁香树的道路中间绿化带，一条林中砖砌小道贯通南北，小道两侧有供行人歇息的长椅，绿化带北部有《抚琴少女》铜雕，南部有《环卫女工》铜雕。

新侨饭店

首都大酒店

华凤宾馆

铜雕《抚琴少女》

东单公园《工农兵》雕像

在东交民巷城市建设发展过程中有一个教训应该记住,那就是由于施工不慎引发大火将原来的六国饭店烧毁。"1988年8月5日10时余,位于正义路南口的外交部招待所发生重大火灾。因装修队违反规定,非电焊工操纵电焊机切割解体通风管道致使高温电弧引燃通风管外敷的保温层起火。扑灭明火后,火星儿顺通风道直通楼上致使大火蔓延,持续3个多小时被扑灭,受灾建筑面积

2620平方米，烧毁电影厅及华风餐厅一楼大厅及4、5、6层部分房间，直接经济损失44万元。消防队员从楼中救出20多人，1人因窒息死亡"。①

灾后，六国饭店建筑被拆除，原址建成"华风宾馆"，于1993年开业。

如果六国饭店的建筑没有被毁的话，那么，公布"东交民巷建筑群"作为文物保护单位时应该有它的位置。

重点文物保护

1995年10月20日，北京市人民政府将日本公使馆旧址、日本使馆旧址、英国使馆旧址、意大利使馆旧址、比利时使馆旧址、法国使馆旧址、奥地利使馆旧址、正金银行旧址、花旗银行旧址、法国邮政局旧址、东方汇理银行旧址、圣弥厄尔天主教堂、美国使馆旧址、荷兰使馆旧址等14项公布为北京市文物保护单位。

2001年6月25日，国务院公布"东交民巷建筑群"为全国重点文物保护单位。东交民巷建筑群共12项，其中由北京市文物保护单位升级的10项：英国使馆旧址、法国使馆旧址、比利时使

---

① 北京市东城区地方志编纂委员会编：《北京市东城区志》，北京：北京出版社，2005年8月版，第283页。

馆旧址、意大利使馆旧址、奥地利使馆旧址、日本公使馆旧址、日本使馆旧址、正金银行旧址、花旗银行旧址、东方汇理银行旧址；另外2项：国际俱乐部旧址、法国兵营旧址。

全国重点文物保护单位

英国使馆旧址 位于东长安街14号，占地面积6774平方米、建筑面积4549平方米。清咸丰十年（1860），英国公使额尔金强租梁公府设立使馆，保留梁公府的仪门、正殿、翼楼、后寝殿和部分配殿，将建筑内部重新装修。大门仿罗马凯旋门风格，建成一座2层3间的门楼，正立面用砖包出线角和拱券图案。宣统二年（1910），建中西合璧或完全西式的建筑，如雇员楼、

英国使馆旧址

宿舍楼、武官楼。现使馆旧址的主要建筑保存较好。

法国使馆旧址 位于东交民巷15号，占地面积2.71万平方米、建筑面积8421平方米。清咸丰十一年（1861），法国公使葛罗强租庆公府设立使馆。大门用砖做出壁柱和拱券，外形类似巴黎凯旋门，门前放置一对石狮。院内存有中央喷水池和4栋法国乡村别墅风格的2层配楼。现使馆旧址建筑为宣统二年（1910）前后的作品，保存较好。

法国使馆旧址

比利时使馆旧址 位于崇文门西大街9号，占地面积1.46万平方米、建筑面积3556平方米。清同治四年（1865）设在东单牌楼北，光绪二十七年（1901）迁至此处。主楼地上3层、地下1层，为英国都铎式风格。主楼前有一水池，4栋配楼东西两侧对称分布，利用

比利时使馆旧址

庚子赔款扩建。现使馆旧址主要建筑保存较好。

意大利使馆旧址 位于台基厂大街1号，占地面积2.54万平方米、建筑面积3712平方米。清同治五年（1866）设在东交民巷东口，后迁至此处。使馆大门两侧是四面坡顶方形单层对称门房，原门道两柱外侧各有一面古典式门墙。院内3栋楼房，第一栋楼房平面为"H"形，长方形窗户、平顶，墙面上檐设有雕饰；第二栋楼房正立面有外廊；第三栋楼房为砖石结构。现使馆旧址主楼为宣统二年（1910）前后作品，保存完好。

意大利使馆旧址

奥地利使馆旧址 位于台基厂头条3号，占地面积1.37万平方米、建筑面积2631平方米。清同治十年（1871）设立，光绪二十七年（1901）《辛丑条约》签订后扩大、重修。使馆大门与主楼均为扩大、重

奥地利使馆旧址

修时所建，现保存完好。

日本公使馆旧址 位于东交民巷21号、23号，占地面积3375平方米、建筑面积2631平方米。清光绪十二年（1886），由东四六条迁至此处重建。为西式平房，砖木结构，正立面7开间。中启砖做拱券式大门，属西方折中主义建筑风格中的仿古典主义类型。后又以平房为基础扩建成一所四合院。光绪二十七年（1901）《辛丑条约》签订后，日本公使馆迁至东河沿（今正义路）新馆，旧馆改作他用。2002年，投入45万元进行修缮。

日本公使馆旧址

日本使馆旧址 位于正义路2号，占地面积2.79万平方米、

日本使馆旧址

建筑面积2888平方米。清宣统元年（1909）设立，现存大门及主楼。大门仿罗马凯旋门，两侧是形制相同、呈对称布局的砖石结构碉楼。主楼正立面中央有突出楼体主线的外拱廊，两侧有砖砌巨型塔柱。2002年，投入90万元进行修缮。

正金银行旧址 位于正义路甲4号，占地面积1964平方米、建筑面积1682平方米。清宣统二年（1910）建成，为日本横滨正金银行在北京的支行，由日本建筑师妻本赖黄设计。楼房是西方折中主义建筑中西洋古典风格较浓的类型，融合日本和欧洲建筑风格。地下1层、地上2层，内部为木结构，外部墙体为砖石立面，以花岗石做台基、壁柱、隅门、门窗套框与壁龛。大楼平面做曲尺形，大楼转角即街道转角。旧址保存较好。

正金银行旧址

花旗银行旧址 位于东交民巷36号，占地面积1341平方米、建筑面积

花旗银行旧址

2825平方米。1914年建成,为美国花旗银行北京分行,由美国建筑师墨菲设计。楼房为西方近代折中主义风格,地下1层、地上3层,正立面有4根爱奥尼式花岗石廊柱,地上2、3层之间是一道砖石仿木结构的出檐。旧址保存完好。2001年辟为北京警察博物馆。

东方汇理银行旧址
位于东交民巷34号,占地

东方汇理银行旧址

面积1367平方米、建筑面积2090平方米。1917年建成,是法商在北京开办的银行。楼房地下1层、地上3层,地上第一层用花岗石拱券窗做基础。属西欧折中主义风格。美国通和洋行设计承建。旧址保存较好。

国际俱乐部旧址 位于台基厂大街8号,又名"西

国际俱乐部旧址

绅总会""万国俱乐部"。原址在东交民巷邻近法国使馆，1912年在现址新建。主体建筑坐东朝西，砖木结构，立面为近代折中式，以水平腰线划分为2层，底层大门宽大，为拱券式。

法国兵营旧址 位于台基厂三条3号、5号，占地面积2.3万平方米。光绪二十七年（1901）《辛丑条约》签订后修建。总体按对称布局，主体建筑为两栋士兵宿舍楼，3层砖木结构。

法国兵营旧址

北京市文物保护单位

美国使馆旧址 位于前门东大街23号，占地面积1.46万平方米、建筑面积3258平方米。清同治元年（1862）设立，原有一座仿罗马凯旋门建筑的大门，现存一栋主楼和4栋配楼。主楼建于光绪二十九年（1903），地下1层、地上2层，内部为木结构，外墙以红砖为主，墙角以花岗石、白石做隅石，门窗以花岗石、白石做框罩，大门采用爱奥尼式壁柱和山花门罩。西山墙勒脚南端刻有英文"美国政府1903年建"，署名为建筑师尼利（Sidh

Nealy）。

荷兰使馆旧址 位于前门东大街11号，占地面积1.22万平方米、建筑面积3175平方米。清同治二年（1863）设立，现存两栋楼房建于宣统元年（1909）。两栋楼房均为地下1层、地上2层，属欧洲折中主义风格。西楼（建筑面积1375平方米）为办公楼，正中3间为正门，朝东，上下2层均采用爱奥尼式廊柱；东楼（建筑面积1800平方米）为大使官邸，正中3间为正门，朝西，稍凹入，用白石砌成。2009年进行修缮。

美国使馆旧址

荷兰使馆旧址

圣弥厄尔天主教堂 位于东交民巷甲13号，占地面积5738平方米、建筑面积5817平方米。清光绪三十年（1904），法国传教士高司铎创建。院内北侧一栋灰砖砌的2层楼房面阔7间，供神职人员居住；西部的圣堂为哥特式建筑，堂顶高耸，做斜坡形，上覆灰色筒瓦，南有两座锥形尖拱，堂内顶用肋状拱券增加高度，立面做3个尖顶钟楼，用尖券、壁柱、玻璃窗和壁龛装饰。圣堂东侧有10间砖砌平房。教堂保存完好，是天主教活动场所。

法国邮政局旧址 位于东交民巷19号，占地面积848平方米、建筑面积499平方米。建于清宣统二年（1910），为折中主义风格，融合中式建筑特色的平房。建筑主体为砖木结构，坐北朝南，南正立面左右对称，东、西两侧各开一门，门两

圣弥厄尔天主教堂

法国邮政局旧址

侧有花岗岩贴面壁柱，正面墙体砌有6扇连续拱券式大窗。旧址保存较好。

东交民巷文物保护单位所涉及的"使馆旧址"，均为公使馆旧址，但只将东交民巷21号、23号公布为"日本公使馆旧址"。

1933年1月，中苏外交使节由公使升格为大使，互设大使馆，是中国外交使节由公使升格为大使之始。之后，陆续与英国、法国、日本、美国等国的外交使节升格为大使级，但那时的国都在南京，大使馆设在南京，东交民巷内的公使馆已改为驻北平领事馆。

参考文献

[元] 熊梦祥:《析津志辑佚》，北京：北京古籍出版社，1983

[明] 刘侗、于奕正:《帝京景物略》，北京：北京古籍出版社，1983

赵其昌:《明实录北京史料》，北京：北京古籍出版社，1995

[清] 吴振棫:《养吉斋丛录》，北京：北京古籍出版社，1983

[清] 昭梿:《啸亭杂录》，北京：中华书局，1980

[清] 刘体仁:《异辞录》，上海：上海书店，1984

[清] 庆桂等:《国朝宫史续编》，北京：北京古籍出版社，1994

[清] 周家楣、缪荃孙编纂:《光绪顺天府志》，北京：北京

古籍出版社，1978

赵尔巽等:《清史稿》，北京：中华书局，1997

印鸾章:《清鉴》，北京:中国书店，1985

魏开肇、赵蕙蓉:《清实录北京史资料辑要》[嘉庆二十五年（1820）八月至宣统三年（1911）]，北京：紫禁城出版社，1990

萧一山:《曾国藩传》，湖南：湘潭大学出版社，2011

梁启超:《李鸿章传》，湖南：湘潭大学出版社，2011

章念驰:《章太炎生平与思想研究文选》，浙江:浙江人民出版社，1986

孟森:《清史讲义》，北京：中国人民大学出版社，2012

来新夏等:《北洋军阀史》，上海：东方出版中心，2011

荣孟源、章伯锋:《近代稗海》（第四辑），四川：四川人民出版社，1985

陈宗蕃:《燕都丛考》，北京：北京古籍出版社，1991

胡玉远:《燕都说故》，北京：北京燕山出版社，1996

连生、宋晓华、简洁、何杰、万宪、谭晓枫、金桂、胡勘平:《百年外交风云录》（中），沈阳：沈阳出版社，1995

南兆旭、姬仲明:《老照片——20世纪中国图志》（第一卷），台湾：台海出版社，1998

方建文、张鸣:《百年春秋——二十世纪大事名人自述》，北京：经济日报出版社，1997

《北京百科全书》（总卷），北京：奥林匹克出版社、北京

出版社，2002

齐心：《图说北京史》，北京：北京燕山出版社，1999

北京市东城区地方志编纂委员会：《北京市东城区志》，北京：北京出版社，2005

北京市东城区地名志编辑委员会：《北京市东城区地名志》，北京：北京出版社，1992

谭伊孝：《北京文物胜迹大全》（东城区卷），北京：北京燕山出版社，1991

北京市东城区政协学习和文史委员会：《钟鼓楼》，北京：文物出版社，2009

金寄水、周沙尘：《王府生活实录》，北京：中国青年出版社，1988

金启孮：《金启孮谈北京的满族》，北京：中华书局，2009

王梓：《北京地方志·风物图志丛书·王府》，北京：北京出版社，2005

赵林：《北京地方志·风物图志丛书·什刹海》，北京：北京出版社，2005

中国人民政治协商会议北京市委员会文史资料研究委员会：《文史资料选编》（第四十二辑），北京：北京出版社，1992

北京市地方志编纂委员会：《北京志·建筑卷·建筑志》，北京：北京出版社，2003

北京市地方志编纂委员会：《北京志·卫生卷·卫生志》，北京：北京出版社，2003

北京市地方志编纂委员会:《北京志·商业卷·饮食服务志》,北京:北京出版社,2008

《北京军事历史大事记》编纂委员会:《北京军事历史大事记》,北京:军事科学出版社,2013

《当代北京大事记》(1949—2003),北京:当代中国出版社,2003

北京新剧本杂志社:《王府井大观》,北京:中国戏剧出版社,1993

金梁:《雍和宫志略》,北京:中国藏学出版社,1994

树军:《天安门广场备忘录》,北京:西苑出版社,2005

陈溥、陈晴:《紫禁城逝影》(东城),北京:中国社会出版社,2009

中共北京市委党史研究室:《中共北京党史人物传》(第一卷),北京:中共党史出版社,1994

中共北京市委党史研究室:《新旧交替之际的北京——北京解放前夕社会概览》,北京:中央文献出版社,1998

北京市档案馆:《解放战争时期北平学生运动》,北京:光明日报出版社,1991

中共北京市委党史研究室:《上上之役——北平和平解放的实现》,北京:中央文献出版社,2009

后　记

　　《东交民巷》书稿收笔，如释重负，自接受任务至今整整一年了，总算有所交代。自己的心情既欣慰又忐忑。

　　欣慰的是，作为一名退休人员我仍在为工作忙碌着。

　　在过去的一年里，第二轮编修《北京市东城区志》工作进入统稿、初审阶段，作为东城区志常务副主编自然承担统稿任务，志稿通过了初审。今年3月，东城区地方志办公室派我去了一趟新疆和田地区，帮助新疆生产建设兵团二二四团编写团史。在职的时候没有机会援疆，退休4年后却与东城区援疆干部一道为援疆工作出了一份力，也算是个弥补吧。因此，完成《东交民巷》一书的文字稿和100多幅照片的拍摄、搜集任务只能靠挤时间，虽不敢说夜以继日，但总还是满负荷运转。

　　忐忑的是，写作《东交民巷》热情高于能力。

　　40多年党龄养成一个习惯：服从组织安排，保证完成任务。

从没有琢磨过自己的兴趣所在、适应领域，更没有想到会把"东交民巷"作为研究对象，自然谈不上平常的资料积累。接到任务后理思路、找资料均属"临阵磨枪""临时抱佛脚"。目的只有一个：按时完成任务，不能辜负组织的信任。至于作品的质量自己却很难把握，或许真是"聋人也唱胡笳曲，美恶高低自不闻"。因此，恳切希望读者批评指正。

在写作过程中，得到北京市地方志办公室副主任谭烈飞及市志办研究室王化宁同志的指导和督促，得到东城区地方志办公室主任彭积冬和办公室全体人员的支持和帮助，尤其是赵妍同志为全部书稿电脑打字。对此，我深表谢意。

王之鸿

2014年7月

又记，北京出版集团于虹主任告知《东交民巷》一书要再版，作为作者有责任有义务对书稿再次推敲。因此，索来书稿又通读了一遍，对有的内容稍有调整，略作补充。特此说明。

王之鸿

2017年10月